Unstrut abwärts
vom Eichsfeld zur Saale

Landschaft • Geschichte • Kultur

Lutz Heydick

Sax Verlag

Umschlagbild:
Die Unstrut am Wendelstein

Karten in den Umschlaginnenseiten
zum Gesamtlauf der Unstrut

Bibliografische Information der Deutschen Nationalbibliothek

Die Deutsche Nationalbibliothek verzeichnet diese Publikation in der Deutschen Nationalbibliografie; detaillierte bibliografische Angaben sind im Internet über http://portal.dnb.de abrufbar.

ISBN 978-3-86729-261-0

1. Auflage 2021

Umschlag: Birgit Röhling, Markkleeberg
Herstellung: Westermann Druck Zwickau
Printed in Germany
www.sax-verlag.de

Inhalt

Vorbemerkungen

Die Unstrut gilt als der Thüringer Fluss schlechthin oder, wie man schon im Jahre 1778 schrieb, als ihr vornehmster[1]. Sie durchfließt und entwässert fast das gesamte Thüringer Becken zwischen Werra und Saale, zwischen Hainleite, Schmücke und Thüringer Wald, dazu den Südharz. Ihr Einzugsgebiet ist größer als das der Saale, der sie ostwärts zufließt und wasserreichster Zustrom wird. Nach Lauflänge und Wasserführung allerdings steht sie beim Zusammenfluss der Saale nach, die so namenführend für den weiteren gemeinsamen Lauf zur Elbe hin wird. Der Saale-Unstrut-Winkel als ihr Mündungsraum bietet eine Landschaft, die geologisch und naturräumlich wie geschichtlich mit dem Geo-Naturpark Saale-Unstrut-Triasland, mit Burgen, Klöstern, Weinbau und Hochkultur aufs engste verschmolzen ist.

Die Unstrut macht sich auf den Weg – aus dem Eichsfeld ins Mühlhäuser Land, hier in Zella

Ihren Ausgang nimmt die Unstrut im südlichen Eichsfeld, unweit der einstigen innerdeutschen Grenze im Werratal unterhalb des Hansteins, einer der größten und schönsten Burgruinen Mitteldeutschlands, im Dreiländereck Thüringens mit Hessen und Niedersachsen gelegen. Des Hansteins Ersterwähnung 1070 im Besitz des Grafen Otto von Northeim fällt mit dem Jahr seiner Zerstörung im Sachsenkrieg durch Kaiser Heinrich IV. zusammen. Die Unstrutquelle bei Kefferhausen ist etwa gleichweit vom Hanstein wie von der alten Reichsstadt Mühlhausen, von Bad Sooden-Allendorf oder Eschwege entfernt. Wer als Rad-Wanderer am Quellbecken einsetzt, hat 190 Kilometer Flusslauf bzw. begleitenden Radweg durch das nördliche Thüringen und südliche Sachsen-Anhalt vor sich. Die Thüringer Pforte bezeichnet den Übergang. Dort, wo sich unterhalb der beiden Sachsenburgen die Wipper in die Unstrut ergießt, durchbricht diese die Höhenzüge der Hainleite und Schmücke und strömt in die weiten Riedgebiete der Diamantenen Aue und nach Memleben in die Engtäler ihres Unterlaufs.

Im Ganzen geht es gemächlich zu, nur 290 Meter fällt die Unstrut von ihrer Quellhöhe (395 m ü. NN) bis zur Mündung (105 m ü. NN), das meiste auf den ersten 25 Kilometern vom Hang des Dün nach Mühlhausen hin. Nachdem sie hier im Oberlauf »starke Quellzuflüsse von beiden Seiten aufgenommen hat, strebt sie rasch dem Muldeninneren des Keuperbeckens zu und wird dort in den weiten, durch umfangreiche Salzauslaugungen im Untergrund geschaffenen Niederungen zum träge in seiner Aue pendelnden Flachlandfluss ... Auch nach dem schmalen Durchbruchstal an der Sachsenburger Pforte mäandriert der Fluss in eigenen Aufschüttungen durch die Tiefebene des Rieds von Artern bis Roßleben. Dann tritt die Unstrut zwischen Memleben und Nebra in ein schmales Engtal ein, das sie erst kurz vor ihrer Mündung in die Saale bei Naumburg wieder verlässt.«[2] Nur jeweils 22 Meter Höhendifferenz weisen der Mittellauf von der Einmündung der Gera bei Gebesee bis zur Thüringer Pforte (42 km) und der weitere Unstrutlauf von der Pforte bis zur Mündung (71 km) auf. Nach Berechnungen anderer Flüsse dürfte Unstrutwasser von der Quelle bis zur Mündung in zwei bis drei Tagen fließen.[3] Von Fußgängertempo ist also auszugehen, freilich ohne Pause und Nachtruhe.

Onestrudis wurde die Unstrut um 575 genannt, da war das legendäre Königreich der Thüringer, die größte frühe Herrschaft in verschriftlichter Zeit im mitteldeutschen Raum, schon den Franken erlegen. 994 wird der Fluss als *Unstruod* beurkundet. Vom germanischen *strodu* abgeleitet, meint es Sumpfdickicht, was durch die Vorsilbe »Un-« noch eine Steigerung erfuhr.[4] Also ehedem ein sumpfiges Becken über Buntsandstein und Muschelkalk, das der Fluss durchströmt. Zwei Dutzend Nebenflüsse und Bäche nimmt die Unstrut auf, die größten sind mit 80 bis 90 Kilometer Länge die Helbe, Wipper und Helme linksseitig, rechtsseitig die vom Fuße des Schneekopfs zufließende Gera, ihr stärkster Zufluss. Meist sind sie wasserarm, weil aus Lee, der windabgekehrten Seite der Randgebirge, kommend. Gleichwohl hat die »Un-Strut« dem Land immer wieder verheerende Überschwemmungen gebracht, damit freilich auch überaus fruchtbares Schwemmland. »Die Unstrutaue mit ihren alluvialen, teils Keuperböden zählt zu den landwirtschaftlich ertragreichsten Gebieten Thüringens.«[5]

In ihrer West-Ost-Erstreckung umgreift die Unstrut den ganzen Herrschaftsraum der Thüringer Landgrafen von der Wartburg bis zur Neuenburg über Freyburg, beides Gründungen Ludwigs des Springers, Zentren mittelalterlich-höfischer Kultur und Höhepunkte früher Architektur. Die Schiffbarmachung der Unstrut 1795 und der Bau der »Unstrutbahn« im ausgehenden 19. Jahrhundert, jeweils ab Artern betrieben, haben den Fluss bis zur Mündung erschlossen, wirtschaftlich wie auch dem Ausflugsverkehr. Wanderschriftsteller wie August Trinius aus Schkeuditz mit

Wahlheimat Waltershausen, der schon die Rennsteig-Begeisterung ausgelöst hatte, und Historiker wie Hermann Größler aus Naumburg, Lehrer im Mansfeldischen, entdeckten das landschaftlich reizvolle und geschichtsträchtige Unstruttal um 1900 für sich und Heimatfreunde. Noch eingeschränkt zunächst auf den Unterlauf des Flusses, denn Größler meinte mit seinem »Führer durch das Unstruttal« die Strecke von Artern bis Naumburg flussab und umgekehrt auch Trinius mit seinem Buch »Durch's Unstrutthal«[6] nur das Gebiet von Naumburg bis zum Kyffhäuser flussauf.

Erst nach mehr als einem halben Jahrhundert hat der Weimarer Schriftsteller Fritz Kühnlenz in »Städte und Burgen an der Unstrut« einen ersten Blick von der Quelle bis zur Mündung geboten.[7] In wissenschaftlich-interdisziplinärer Gesamtsicht folgte ein Band der verdienstvollen Reihe »Werte unserer Heimat« 1988, der »Das Gebiet an der unteren Unstrut« behandelt.[8] Und nach weiteren anderthalb Jahrzehnten ist zum Anfang unseres Jahrhunderts erstmals Umfassendes zur Kulturlandschaft der Unstrut von Gerlinde Schlenker und Jürgen Haubner vorgelegt worden.[9] Ab den 1990er Jahren belebte sich dann die von wieder und neu gegründeten Heimatvereinen und Verlagen getragene regionaltouristische Literatur.[10]

Wie das Unstruttal einst die Siedlerströme aus dem Altreich nach Osten gelenkt hat, so folgen Rad-Wanderer heute auf ihrem Weg entlang der Unstrut zur Saale dem Gang voranschreitender Geschichte und einem sich steigernden Landschaftserlebnis – hin zu Wendelstein, Kaiserpfalz Memleben, Arche Nebra (Himmelsscheibe), Burgscheidungen, Glockenstadt Laucha, Geo-Naturpark Saale-Unstrut-Triasland, Freyburg/Neuenburg, Domstadt Naumburg im nördlichen Weinanbaugebiet.[11] Eine Anreise zur Unstrutquelle per Bahn kann über die Strecke Erfurt–Mühlhausen–Leinefelde (Kassel) oder Gotha–Bad Langensalza–Mühlhausen–Leinefelde mit Ausstieg am Haltepunkt Silberhausen bei Dingelstädt erfolgen; von dort sind es noch fünf Radkilometer bis zur Quelle. Der von da ausgehende Unstrut-Radweg ist meist flach, nur ab und an leicht hügelig, familienfreundlich, bietet geruhsames Entdecken. Für die knapp 200 Kilometer bis zur Mündung werden meist fünf bis sechs Etappen empfohlen, von der Unstrutquelle nach Mühlhausen, weiter nach Bad Langensalza, Sömmerda, Artern, Nebra und Freyburg-Naumburg.

Im Quellgebiet und Mühlhäuser Land

Die Unstrut entspringt am Hang des Dün, einem bewaldeten Muschelkalkrücken, in nahezu 400 Meter Höhe nordwestlich von Kefferhausen. Ihr Quellbereich umfasst mehrere Wiesenbäche, ein Becken aus Muschelkalkstein oberhalb des Ortes symbolisiert gewissermaßen die Unstrutquelle. Von dem schönen, gepflegten Quellplatz geht ein Rundwanderweg zum wüstgefallenen Werdigeshausen (*Wedeshus*), in dessen Gemarkung nur noch die Wallfahrtskirche St. Cyriakus (»Neue Kirche«) aus dem Ende des 18. Jahrhunderts steht. Das in jesuitischer Gegenreformation wieder katholisch gewordene Eichsfeld wird mit seinen Wallfahrtskirchen und -kapellen als »Wallfahrtsland in Deutschlands Mitte« angesehen.

Von hier also nimmt die Unstrut ihren Ausgang, zwischen dem Eichsfeld mit seinen einst namengebenden Eichenbeständen und dem Nationalpark Hainich, dessen noch zusammenhängende Buchenwälder UNESCO-Weltnaturerbe und Deutschlands größtes nutzungsfreies Laubwaldgebiet sind. Wie ihre späteren Zuflüsse Helbe und Wipper gehört die Unstrut dem über Jahrhunderte hin bitterarmen Obereichsfeld an, als dessen traditionelle Hauptstadt Heiligenstadt gilt. Der Bildhauer / Bildschnitzer Tilman Riemenschneider ist da geboren worden, Heinrich Heine ließ sich dort evangelisch taufen, sah darin das nötige »Entre Billet zur europäischen Kultur«, und Theodor Storm wurde es nach eigenen Worten zur zweiten Heimat. Er wisse nicht, so der Dichter aus Husum, ob »er jemals von der zauberhaften Schönheit eines Erdfleckchens so innerlichst berührt worden wäre« wie vom Eichsfeld. Jahrhunderte lang in einer politischen Insellage befindlich, da dem Fürstbistum Mainz gehörig, ist es heute mit dem angrenzenden Niedersachsen und Hessen wieder in die deutsche Mitte gerückt – somit auch die Unstrutquelle als Wander- wie Radstart durch das nördliche Thüringen, bis hinein ins Sachsen-Anhaltische.

Kefferhausen (*Keverenhusen* 1146) ist einer der vielen thüringischen -hausen-Orte, die auf fränkische Gründung hindeuten, wie die Wüstung Werdigeshausen und weitere -hausen-Orte entlang der Unstrut: Silber-, Mühl-, Wernings-, Tunzenhausen.[12] Schon in Kefferhausen als dem ersten Unstrutort hat es Wassermühlen am noch schmalen Bachlauf gegeben, deren erste die Hasemühle war. Auf Dingelstädt zu unterfließt die Unstrut und unterfährt der Unstrut-Radweg einen Sandsteinviadukt der Bahnstrecke Leinefelde – Geismar, der »Kanonenbahn«.

An der Unstrutquelle bei Kefferhausen

Viadukt der »Kanonenbahn« vor Dingelstädt, Draisinenstrecke und Kanonenbahn-Radweg in 53 Meter Höhe

Die volksmundlich **Kanonenbahn** genannte Bahnstrecke verband Berlin mit Metz in Frankreich (über Güsten, Wetzlar, Koblenz, Trier) und ist nach dem Deutsch-Französischen Krieg und Gewinn Elsaß-Lothringens primär unter militärstrategischen Aspekten gebaut worden. 1880 wurde der Streckenabschnitt Leinefelde–Eschwege eröffnet, Dingelstädt erhielt einen Bahnhof, Kefferhausen 1903 einen Haltepunkt. Brückensprengungen 1945 und die Demarkationslinie unterbrachen hinter Geismar das Ganze. Bedeutendster und erhaltener Brückenbau der Strecke ist der Viadukt von Lengenfeld unterm Stein, 244 m lang und in 24 m Höhe mit acht Öffnungen über den Ort führend. Heute ist der Viadukt Höhepunkt von Draisinefahrten über 16 km durch fünf Tunnel, der längste 1,5 km bei Küllstedt. 2019 wurde der Kanonenbahn-Radweg eröffnet, eine Strecke von 30 km auf dem ehemals zweiten Gleis mit sechs Tunneln und vier Brücken sowie Anschluss an den Unstrut-Radweg und Übergang ins Hessische bis Frieda (zum Werratal-Radweg). Bei Geismar rückt den Radfahrern der 465 m hohe Hülfensberg mit Kreuzwegstationen, Großkreuz und Wallfahrtskirche nah, das Regionalheiligtum der Eichsfelder.

Gleich nach der Kefferhauser Eisenbahnbrücke fließt die Unstrut vor **Dingelstädt** am »Kerbschen Berg« vorbei, dessen Siedlung und frühe, dem hl. Martin geweihte Kirche (Erzpriestersitz) wüst gefallen sind, wie auch das Geschlecht der hier ansässig gewesenen Edelherren von Kirchberg erloschen ist. Es folgten auf dem Berg um 1700 eine lindenumstandene Kapelle und ein Kreuzweg (Kalvarienberg), dessen 15 sandsteinerne Stationen nach der Mitte des 18. Jahrhunderts geschaffen wurden und Wallfahrten herführ-

Familienzentrum Kloster Kerbscher Berg mit Kirche, Kreuzwegstationen und Grotten am Weg hinauf

ten. Franziskaner weihten die Kirche 1866 als Kloster, in ihrer Nachfolge zogen 1994 Ursulinerinnen ein (Frauenwallfahrten seit 1961, heute Familienzentrum in Trägerschaft des Bistums Erfurt). Als Wallfahrtskirche wurde schon 1424 die Dingelstädter Marienkirche, ehemals »Maria-im-Busch« genannt, durch ihr Gnadenbild einer Pietà aus dieser Zeit bekannt. Die auf -stedt/-städt endenden Ortsnamen weisen auf frühe Gründungen aus der Zeit des Thüringerreiches hin; an der Unstrut folgen Bollstedt-, Nägel-, Tenn-, Schön-, Griefstedt, Balgstädt.

Die Unstrut durchfließt Dingelstädt, das sich mit dem noch jungen Fluss schmückt, vielfach überbrückt zu den anliegenden Grundstücken.

Am Mühlenwehr zeigt sich die Unstrut bereits als stattlicher Bach, mächtig die »Große Mühle« (inschr. 1591, betrieben bis 1992), das älteste Gebäude der Stadt (Ecke Mühlhäuser Straße/Plan); eindrucksvoll ist das noch laufende oberschlächtige Mühlrad. Im Fuldaer Güterverzeichnis um 900 findet sich der Ort aufgeführt, der erst 1859 zur Stadt erhoben worden ist (Renaissance-Rathaus, neugotische St. Gertrudiskirche). Da hielt hier und im weiteren Umfeld, wo seit dem frühen 18. Jahrhundert Webstühle dominierten, die Zigarrenfertigung Einzug, zunächst in der für das Notstandsgebiet typischen Heimarbeit, ein Jahrhundert später dann, nach dem »Eichsfeldplan« von 1959, konzentriert in den Dingelstädter Tabakfabriken. Nahe der Unstrut steht schlossartig der monumentale neobarocke Bau des St.-Josef-Gymnasiums vom Anfang vorigen Jahrhunderts, 1920 von den Thuiner Franziskanerinnen gekauft, heute in Trägerschaft des Landkreises Eichsfeld.

Eingangsportal
zur Großen Mühle

St.-Josef-Gymnasium
in Dingelstädt

Der aus Dingelstädt heraus entlang der Unstrut verlaufende Radweg führt nach **Silberhausen** (*Silverhusen* 1171), in dessen Ortsmitte 1990 ein Mauer-Denkmal (Originalsegment der Berliner Mauer) errichtet wurde, und weiter über Helmsdorf, Zella, Horsmar, Beyrode, Dachrieden, Reiser, Ammern in die Kreisstadt des Unstrut-Hainich-Kreises, nach Mühlhausen. Der außerhalb liegende Haltepunkt Silberhausen als Anreisestation per Bahn wurde schon genannt. Ausgangs des Ortes führt der Unstrut-Radweg auf die Höhe und bleibt dort über der tief eingetalten Unstrut. Nach **Helmsdorf** hinunter gibt es 18 Prozent Gefälle, am Hang eine Ölberggrotte mit Rastplatz; im Ort mündet die Wüsteroth in die Unstrut. Nach Zella hin führt linksseitig vom Fluss ein schöner Radweg in bewegtem Gelände vorbei am Pfaffenborn (Rastplatz mit Info-Tafeln). Zu **Zella** gehörte der östlich gelegene Weiler Breitenbich mit seinem kurzzeitigen Zisterzienserinnen-Kloster um 1250, dessen Konvent wenig später nach Mühlhausen, endgültig nach Anrode auswich. »Hinter Zella bleibt das katholische Eichsfeld zurück«, schreiben Schlenker und Haubner,[13] »beginnt das Territorium der freien Reichsstadt Mühlhausen im sonst vorwiegend evangelischen Thüringen«. Dorthin, ins Mühlhäuser Land, verläuft der Radweg nun auf einer Landstraße über dem Unstruttal.

Die Lengefelder Warte

Dieses Mühlhäuser Herrschaftsgebiet umfasste etwa 20 Dörfer und doppelt so viele Wüstungen und war nach der Mitte des 14. Jahrhunderts zu Schutz und Versorgung der Stadt Mühlhausen in einem nordwestlichen Viertelkreisbogen mit einem 25 km langen Vorbefestigungssystem im oberen Unstruttal versehen, dem sog. **Mühlhäuser Landgraben**. Zu dieser Landwehr zählten Gräben, Knickverhaue, Wälle, Warttürme, Straßentore, wovon sich von Eigenrieden ab über Dörna, Lengefeld, Horsmar, Eigenrode bis Sollstedt Wallanlagen, Grundmauern und Grenzsteine erhalten haben, als einziger Wartturm nur die Lengefelder Warte unmittelbar an der Deutschen Fachwerkstraße von Dingelstädt nach Mühlhausen. Von den in den Jahren 1667–69 gesetzten 143 Grenzsteinen sollen entlang dem Landgraben noch eine ganze Reihe zu finden sein. Auf der Vorderseite zeigen sie die Mühlhaue als Hoheitszeichen der Freien Reichsstadt, zusammen mit dem Reichsadler auch im Stadtwappen, und rückseitig das Mainzer Rad des Kurmainzischen Fürstentums Eichsfeld.[14]

Horsmar ist einer der auf -a, -ar endenden Ortsnamen (-aha = Wasser, Fluss), die auf eine Zeit vor dem Thüringerreich zurückgehen.[15] Mit der Unstrutbrücke in Horsmar verbindet sich alter Überlieferung zufolge eine jährliche Brückenfestfeier. Auf dem Sperlingsberg steht die barocke St. Pankratiuskirche.

Die Muschelkalkplatten des Dün gehen hinter Beyrode und Dachrieden ins Thüringer Becken über. Die Unstrut gräbt sich mit Talmäandern in den Muschelkalk ein und der Radwanderweg nach **Reiser** bietet eindrückliches Landschaftserlebnis. Zwei Viadukte der Eisenbahnstrecke Leinefelde–Gotha (über Mühlhausen und Langensalza) werden unterfahren, zur Linken die windungsreiche Unstrut, zur Rechten Schnitzfiguren im Reiserschen Tal, die Wiesenpartien von Waldhängen umstanden. An der großen Flussschlinge zwischen den Viadukten liegt das Landschaftsschutzgebiet »Reiserscher Hagen« und nach Kaisershagen hin das Naturschutzgebiet Flachstal, ein langgezogenes Trockental. Der zu 974 genannte Königshof Ottos II. bezieht sich auf einen Bergsporn nördlich des Ortes (Wallreste). Die Dorfkirche mit Fachwerkturm (inschr. 1693) wird von Fachwerk-Bauernhöfen umlagert.

Reisigsammlerin, eine der den Radweg im Reiserschen Tal begleitenden Holzfiguren

Erster Bahnviadukt über der Unstrut im Reiserschen Tal

Ein zweites Mal überbrückt die Bahnstrecke Leinefelde – Gotha den schäumenden Fluss im Reiserschen Tal.

Bevor die Unstrut ins Stadtgebiet von Mühlhausen eintritt, fließt ihr die Luhne bei **Ammern** zu (urk. 850 *Amera*), dem Fundort einer goldenen Scheibenfibel mit Edelsteineinlagen und Filigranverzierung aus dem 7. Jahrhundert, also fränkischer Herkunft. Seit 1955 wird die Luhne im Rückhaltebecken bei Lengefeld gestaut, um den gefürchteten Unstruthochwassern im Oberlauf zu begegnen. Die einst Freie Reichsstadt grüßt vieltürmig (*Mulhusia turrita*), das »thüringische Rothenburg« genannt, es wird auf einem straßenbegleitenden Radweg erreicht. Zur Wahl stehen an der ersten Unstrutbrücke die Weiterfahrt linkerhand zur zweiten Unstrutbrücke oder gleich der Radweg in die Innenstadt, der auf die Stadtmauer stößt und den Hirschgraben entlang hinein führt.

Durch die einst Freie Reichsstadt

Mühlhausen (*Molinhuso*), eine Schenkung Karls des Großen im Jahre 775 an das Kloster Hersfeld, bezog sich auf eine »Siedlung an der Mühle« (Unstrut bzw. Mühlgraben), »wo Franken wohnen«. Königliches Gut, Burg und Siedlung, sind dort anzunehmen. Dieses Altenmühlhausen, die heutige Vorstadt St. Georgi, liegt zwischen beiden Wasserarmen, vor dem ehemaligen Görmartor. Die gotische Georgikirche mit einstigem Auslug zur Unstrutfurt trägt eine in die Außenmauer geschlagene Hochwassermarke von 1613, dem Jahr der »Thüringischen Sündfluth« (29. Mai, Hochwasserkatastrophe von Mühlhausen bis Artern). Gesicherte Beurkundung hat Mühlhausen zu 967 durch Kaiser Otto II. gefunden; ihm sind bis zum Anfang des 13. Jahrhunderts alle deutschen Kaiser und Könige, zum Teil in mehrfachen Besuchen, in die Stadt gefolgt, meist zu Reichsversammlungen. 1135 wurde sie erstmals »königliche Stadt« (*villa regia*) genannt, als der staufische Gegenkönig Konrad sich hier dem Kaiser Lothar III. unterwarf.

Unstrutblick von der Vorstadtbrücke (Altenmühlhausen)

Wo vom Unstrut-Radweg her die Einfahrt in die Oberstadt an der zweiten Brücke beim einstigen Burgtor erfolgt (Straßenzug »An der Burg«), ist von der Königspfalz und Burg nach ihrer Zerstörung 1256 durch die Mühlhäuser Bürger nichts geblieben. Das »Mühlhäuser Rechtsbuch nach des Reiches Recht« um 1225, die älteste deutsche Rechtsquelle dieser Art, hatte den königlichen Ministerialen in der Burg noch die Stadtherrschaft zugestanden, doch gezielter Erwerb von hoheitlichen Rechten / Gerichtsbarkeiten und Eintritt in den Rheinischen Städtebund brachten Mühlhausen 1290, endgültig 1348 den Status einer Freien Reichsstadt, wie ihn in Thüringen sonst nur noch Nordhausen erlangt hat, auch die volle Herrschaft über das Landterritorium.

An zwei Unstrutübergängen wichtiger Fernwege gelegen und dreifach befestigt, mit innerem und äußerem Mauerring (sieben Doppeltoren und etwa 40 Wehrtürmen) sowie dem weit vorgelagerten Mühlhäuser Landgraben, begann für die nach Erfurt zweitgrößte thüringische Kommune eine über 200 Jahre währende Blütezeit. Ihre fränkisch-frühstädtischen Ansätze (Straßenmärkte) haben bei der Kilianikirche im Osten des Stadtkerns gelegen, westlich davon bildete sich die eigentliche Altstadt um den Untermarkt und die Divi-Blasii-Kirche heraus. Im Winkel zwischen

Mühlhausen, Blick zur Rathausunterführung, welche die Schwemmnotte überbrückt, Ober- und Unterstadt trennt

der Reichsburg und der Alt- bzw. Unterstadt folgte die Anlage der Neu- oder Oberstadt mit Obermarkt und Marienkirche, die wie auch die fünf Vorstädte mit ihren Kirchen in die Ummauerung einbezogen worden ist, anders als der königliche Burgbereich.

Genau auf der Grenze zwischen Alt- und Neustadt, über dem sie trennenden Bach, der Schwemmnotte, wurde das Rathaus der Gesamtstadt errichtet. Der gotische Bau erfuhr beträchtliche Erweiterungen im Renaissancestil, die Ratsgasse führt unter dem Baukörper hindurch; sehenswert ist der Brunnen der alten Wasserkunst im Innenhof. Die Ratshalle und Große Ratsstube, wo im Frühjahr 1525 der Mühlhäuser »Ewige Rat« tagte, bergen neben spätgotischen Malereien von Burg- und Landgrafen wertvolle Decken- und Wandbilder, so das Gemälde »Das Heilige Römische

Reich deutscher Nation in seinen Gliedern« vom Jahre 1572 mit porträthaften Darstellungen Kaiser Maximilians II. und der sieben Kurfürsten. Das Historiengemälde »Thomas Müntzer setzt den Ewigen Rat ein« schuf Wilhelm Otto Pitthan 1960.

Am nahen Kornmarkt liegt in der Altstadt die Barfüßerkirche des einstigen Franziskanerklosters, das wie das Brückenkloster der Magdaleniterinnen sowie die Predigerkirche St. Petri des Dominikanerklosters, ferner die beiden Deutschordenshöfe und die

Der Rathausinnenhof mit dem Brunnen der alten Wasserkunst

Die Turmfront der Hauptkirche St. Blasius und der junge Organist Johann Sebastian Bach

Hospitäler von der Bedeutung des mittelalterlichen Mühlhausen kündet. Die Hauptkirche der Alt-/Unterstadt ist Divi Blasii, deren romanischen Gründungsbau der Deutsche Orden zur ersten großen gotischen Kirche Mitteldeutschlands wandelte (Portal und Maßwerkrose an nördlicher Querhausfront, doppelt wandelbarer Hochaltar mit Marienkrönung um 1495). An St. Blasius hat 1708/09 Johann Sebastian Bach als junger Organist gewirkt; sein Denkmal vor der Kirche wurde 2009 eingeweiht.

Am Untermarkt, wo die gotische Tuchlaube stand, sind noch der Bürenhof (Nr. 7) des Eichsfelder Nonnenklosters Beuren, einer ehemaligen Zisterzienserinnen-Abtei, aus der Zeit um 1500 und einige portal- sowie fassadenreiche Patrizierhäuser zu sehen. Unweit davon befindet sich die ehemalige Deutschordenskomtu-

Der Hochaltar der Marienkrönung in Divi Blasii

Denkmal für Stephan Helmsdorf, Bürgermeister im Ersten Rat 1623–26, gestiftet von Ehefrau und Söhnen

rei des späten 13. Jahrhunderts mit angefügter, später inkorporierter Hauskapelle St. Annen am Johann-Sebastian-Bach-Platz.

Die Neu- oder Oberstadt wird von der Marienkirche überragt, dem nach dem Erfurter Dom zweitgrößten Kirchengebäude in Thüringen. Wie bei Divi Blasii ließ der Deutsche Orden oder Deutschritterorden, dem König Konrad IV. 1243 das Patronat über den Vorgängerbau übertrug, eine gotische Hallenkirche aufführen, unter einem heute die Stadtsilhouette prägenden Mittelturm, dessen Neuaufbau um 1900 auf fast 87 Meter Höhe gebracht worden ist, der höchste Thüringens. Von der Brüstung über dem Südportal der Kirche blicken steinerne Halbfiguren der kaiserlichen Familie Karls IV. herab, die der Schule des Prager Bildhauers Peter Parler zugeschrieben werden. Die Marienkirche

Mühlhausen, Südportal der Marienkirche mit Brüstungsfiguren der kaiserlichen Familie Karls IV.

Seite 23: Marienkirche, Nordportal, Gedenken an Thomas Müntzer, der hier 1525 Pfarrer war

Müntzer-Denkmal vor der Stadtmauer am Inneren Frauentor und Rabenturm

wurde 1975 säkularisiert und als Thomas-Müntzer-Gedenkstätte eingerichtet. Der sozial-revolutionäre Theologe war hier 1525 Pfarrer und hat damals im gegenüberliegenden Pfarrhaus gewohnt, einem langgestreckten Bau. Als Bauernkriegsmuseum ist in den Jahren 1973–75 die 1802 profanierte Klosterkirche der Franziskaner St. Crucis (Zum Hl. Kreuz) am Kornmarkt ausgestaltet worden. Auch als Barfüßer- oder Kornmarktkirche bekannt, bietet sie die umfassendste Exposition zu diesem Ereignis der deutschen Geschichte, dazu die Dauerausstellung »Luthers ungeliebte Brüder. Alternative Reformationsideen in Thüringen«.

Vom Obermarkt mit der Brotlaube, der das Fleischhaus gegenüber lag, deren Vorgängerbauten Zinsgetreide lagerten und Fleischbänke beherbergten, führt die Holzstraße mit dem Zellschen Hof (Nr. 1), dem Stadthof des Eichsfelder Zisterzienserinnen-Klosters Zella, zum eindrucksvollsten Abschnitt der über zwei Kilometer langen inneren Stadtmauer aus heimischem Travertin. Hier am Hirschgraben reihen sich Inneres Frauentor, Rabenturm und Hospitalturm

zu wehrhaftem Eindruck, der Wehrgang ist auf 370 Metern begehbar. Mit 32 Metern ist der das Frauentor schützende, museal erschlossene Raben- oder Adlerturm (mit Aussichtsplattform) der höchste der erhaltenen sieben Wehrtürme. Vorm Inneren Frauentor steht das 1957 von Will Lammert geschaffene einzige Standbilddenkmal Müntzers. Das Äußere Frauentor ist der letzte verbliebene Zeuge des äußeren Stadtmauerringes.

Museales findet sich in der Allerheiligenkirche der Neustadt, nahe der Schwemmnotte, die sie von der Altstadt trennt. Schon im 19. Jahrhundert verfallen (Lagerhalle), ist sie 1985–89 zur Museumsgalerie restauriert worden, birgt u. a. Sakralskulptur. Erhalten geblieben ist in einem Hof der Jüdenstraße die Synagoge (heute Begegnungsstätte) der bis 1943 bestehenden jüdischen Gemeinde.

Im südlichen Mauerzug der Altstadt (am Lindenbühl) ist in einem Neorenaissancebau das ehemalige Kulturgeschichtliche Museum der Stadt mit archäologischen Funden des Unstrut-Hainich-Kreises, mit reichsstädtischer Geschichte Mühlhausens und Thüringer Kunst des 20. Jahrhunderts untergebracht.

Kulturhistorisches Museum am Lindenbühl in Mühlhausen, 1870 errichtet als Gymnasiumsbau im Neorenaissancestil

Rechte Seite: Allerheiligenkirche und Kornmarktkirche (ehemalige Barfüßerklosterkirche)

Vor der Allerheiligenkirche Bronzefigur des gefesselten Heinrich Pfeiffer (eigentlich Schwertfeger), Mönch, sozial-revolutionärer Prediger, Bauernführer, Müntzer-Mitstreiter

Mit rund 8000 Einwohnern war Mühlhausen zum Ende des 15. Jahrhunderts eine der großen deutschen Städte, gestützt auf Tuch- und Waidhandel, den Städtebund mit Erfurt und Nordhausen und die Hansemitgliedschaft. Dann aber verlagerten sich die Handelswege und Warenumschläge zugunsten Leipzigs, und reichsweite Ereignisse wie Reformation und Bauernkrieg griffen tief in die Mühlhäuser Entwicklung ein. Innere Kämpfe um die Besetzung und Herrschaft im Rat, wie sie zwischen Patriziat und nachdrängenden Zünften im ausgehenden Mittelalter an der Tagungsordnung waren, verschärften sich in Mühlhausen und verknüpften sich mit der bäuerlichen Bewegung des Umfeldes. Mit Heinrich Pfeiffer war ein dem Kloster Reifenstein entlaufener Zisterziensermönch 1523 in die Reichsstadt gekommen, der das opponierende mittlere Zunftbürgertum mit seinen Predigten gegen den Rat erreichte.

Im August 1524 traf der nach seiner Allstedter Fürstenpredigt im Weimarer Schloss verhörte, fortan nicht mehr an einsichtige Fürsten glaubende Reformator Thomas Müntzer in Mühlhausen ein. Nun auf Notwehr und Kampf »der Auserwählten gegen die Gottlosen« setzend, erarbeitete er mit Pfeiffer die »Mühlhäuser Artikel« und formte den (bewaffneten) »Ewigen Bund Gottes«. Vom Rat wurden beide ausgewiesen, kehrten aber zurück, Pfeiffer noch vor Jahresende, betrieb Bilderstürmerei und Klosterschließungen.

Müntzer kam im Februar 1525 und führte als Pfarrer an der Marienkirche sogleich wie schon an der Mansfelder Schlosskirche den Gottesdienst in deutscher Sprache ein. Tagelang verhandelten die Achtmänner als Vertreter der Bürgeropposition und die Prediger in der Allerheiligenkirche mit dem alten Rat, der am 16. März in der Marienkirche durch »über 800 versammelte Bürger in namentlicher Abstimmung zum Rücktritt« gezwungen wurde[16]. In der Großen Ratsstube konstituierte sich am Folgetag der »Ewige Rat« aus den Achtmännern, einigen der alten Ratsmitglieder und Vertretern der Stadtviertel; nicht repräsentiert blieben die Vorstädte, die Stadtarmut und der »Ewige Bund«. Gleichwohl fand die sozialrevolutionäre Bewegung in Mühlhausen ihren stärksten Rückhalt und zündete weithin.

Nach Zügen der großen Bauernhaufen ins Eichsfeldische und vielen Aktionen lokaler Haufen brach Müntzer am 10. Mai mit nur 300 Mann von Mühlhausen nach dem aufständischen (Bad) Frankenhausen auf. Fünf Tage später fiel dort die Entscheidung auf dem Schlachtberg, wo zum Gedenken das von Werner Tübke 1976–87 geschaffene Bauernkriegspanorama entstanden ist, eines der weltgrößten Tafelbilder. Die 8 000 Aufständischen unterlagen den Landsknechten und Berittenen des Vereinigten Fürstenheeres, das sich nach dem Blutbad sogleich Mühlhausen zuwandte. Die Stadt stellte sich unter den »Schutz« der Fürsten, indes Müntzer, Pfeiffer sowie weitere Anhänger im fürstlichen Feldlager vor den Toren der Stadt am 27. Mai mit dem Schwert hingerichtet wurden. Zum Strafgericht der Sieger gehörten hohe Geldbußen, die wechselnde Herrschaft dreier Schutzfürsten, die Aberkennung der Reichsfreiheit (bis 1548). Der politischen Entmachtung folgte der wirtschaftliche Niedergang der Stadt. 1627 fand ein Kurfürstentag in Mühlhausen statt, zu dem Heinrich Schütz, Dresdner Hofkapellmeister, in der Marienkirche seine Motette »Da pacem Domine« zur Aufführung brachte, doch noch verhallte die inbrünstige Bitte »Gib uns Frieden, Herr!« in dem Großen Krieg. Endgültig verlor Mühlhausen 1802 die Reichsfreiheit, als es nach napoleonischen Siegen zusammen mit dem Eichsfeld, Erfurt und Nordhausen zur Entschädigung abgetretener linksrheinischer Gebiete im Frieden von Lunéville an Preußen fiel. Von 1975 bis 1991 hieß Mühlhausen Thomas-Müntzer-Stadt.

Vom westlichen Mauerring und Lindenbühl aus empfiehlt sich ein Ausflug zum **Popperöder Brunnenhaus**, dem Popperöder Bach (nach Unter-

Das Popperöder Brunnenhaus von 1614, ein Kleinod Mühlhausens, mit Fachwerkobergeschoss, Arkaden und Quellbecken für die Trinkwasserversorgung der freien Reichsstadt

queren der Stadtmauer Schwemmnotte genannt) westwärts folgend, am Schwanenteich vorbei. Durch einen Erdfall ist die 1199 ersterwähnte Quelle entstanden. Das Brunnenhaus wurde 1614 gleich einem Amphitheater angelegt, mit ansteigenden Sitzreihen um das Brunnenbecken; über einer Dreierarkade liegt das Fachwerkgeschoss mit Andreaskreuzen, Ecktürmchen, Zwerchgiebel und Dachreiter. Im Vorort Popperode findet seither das »Bornfest« statt, eines der traditionellen Mühlhäuser Brunnenfeste. Die Popperöder Quelle wie auch die in der westlichen Stadtflur auftretende Breitsülzenquelle, deren Wasser verzweigt durch die gesamte Stadt der Unstrut zulaufen, gelten »als die stärksten und wasserreichsten in Thüringen«[17]. Die ab 1292 direkt an der Quelle aufgefangene und durch einen künstlichen Graben in die Stadt gelenkte Breitsülze war für die Zeit eine ingenieurtechnische Großtat. 15 Mühlen vor und in der Altstadt wurden von beiden Quellen und dem Mühlgraben angetrieben, was dem Namen der Stadt alle Ehre macht. Die Mühlenwirtschaft und das Frischwasser waren Voraussetzungen zur hiesigen Woll-, Tuch-, Lederverarbeitung, für darauf aufbauende Manufakturen und spätere Industrie.

Nach Bad Langensalza

Der Unstrut-Radweg verlässt Mühlhausen vom östlichen Mauerring / Kiliansgraben stadtauswärts zum Bahnhof und biegt links über den Bahnübergang in einer Kehre auf die Straße Im Flarchen nach **Görmar,** wo er zum linken Flussufer wechselt. Das erwähnte fürstliche Feld- und Straflager vom Mai 1525 wird gedanklich durchfahren, wo sich kurz zuvor, am 29. April, die Mühlhäuser Stadtarmut und aufständische Bauern zum Vereinigten Mühlhäuser und Thüringer Haufen zusammengeschlossen hatten. Von hier aus waren sie ins Frankenhäuser Aufstandsgebiet gezogen. Görmar hat 897 als Fuldaer Klosterbesitz Erstbeurkundung gefunden, ist aber schon Namensträger für die fränkische Germar-Mark und deren zentraler Ort gewesen, für ein Gebiet zwischen Werra und Unstrut. Obgleich dem Königshof Mühlhausen benachbart, muss Görmar als wesentlich älter gesehen werden, auch sprachhistorisch dem Ortsnamen nach (-a, -ar-Endungen). Die Martinskirche ziert im Turmobergeschoss Fachwerk.

Aus Görmar führt der Radweg straßenbegleitend bis Bollstedt. Auch einen Land- / Wiesenweg gibt es entlang der Unstrut nach **Bollstedt** (urk. 876), wo der Notterbach einfließt. Ausgangs des Ortes wendet sich die Unstrut wieder mehr nach Süden und wird in offener Landschaft vom asphaltierten Radweg nach Altengottern und Thamsbrück bis vor Bad Langensalza begleitet. Rechtsseitig fließen der Unstrut zwischen Bollstedt und Altengottern der Felchtaer Bach und der Seebach aus den gleichnamigen Orten ein.

Die Unstrut ausgangs Bollstedt, vor dem Straßenübergang nach Höngeda

Kirchen St. Martin in Görmar und St. Bonifatius in Bollstedt

Seebach mit der ältesten Vogelschutzwarte Deutschlands liegt rechtsseitig der Unstrut und ist nur von Bollstedt durch Fluss- und Bahnüberquerung über Höngeda zu erreichen. Hans Freiherr von Berlepsch hat dort am angestammten Familiensitz (seit dem 16. Jh.) nach mehreren Studienreisen 1884 einen Vogelschutzpark im Burggraben des Lindenhofes, eines sehenswerten vierstöckigen Schlossbaues mit Fachwerkobergeschoss, eingerichtet. Vom preußischen Staat 1908 als erste Versuchs- und Musterstation für Vogelschutz anerkannt, ist sie heute der Thüringer Landesanstalt für Umwelt, Bergbau und Naturschutz unterstellt.

Unweit von Seebach, nordwestlich der gleichnamigen Talsperre, ist bei **Niederdorla** der geografische Mittelpunkt Deutschlands nach der Wiedervereinigung ermittelt worden (Mittelpunktstein, alljährliches Mittelpunktsfest). Nördlich der Ortslage bzw. östlich von Oberdorla sind beim Torfabbau zahlreiche Tier- und Menschenknochen gefunden worden, die auf ein germanisches Opfermoor schließen ließen (archäologisches

Schloss Seebach, ursprünglich eine Wasserburg, älteste Vogelschutzwarte Deutschlands

Freilichtmuseum). Niederdorla liegt am Nordrand des 1997 gegründeten Nationalparks Hainich, des einzigen in Thüringen, der mit seinen Buchenwaldgesellschaften der Entwicklung zum mitteleuropäischen Urwald freigegeben ist. Westlich von Bad Langensalza gibt es im Hainich einen Baumkronenpfad und Aussichtsturm (44 m hoch).

In der weiten Aue zwischen Altengottern und Großengottern erstreckt sich eine sumpfige Niederung, die beidseitig des Radweges und der Unstrut, die hier schon ein Flachlandfluss ist, in Riedgebiete übergeht. **Altengottern** liegt am linken Ufer, in königlicher Schenkungsurkunde 997 *Aldengudeno* genannt. Das Schloss derer von Gottern (bis 1440) steht an der Unstrut. 1652 gelangte es an Rudolph Levin Marschall, Erbmarschall von Thüringen, und ist seither, nur unterbrochen durch die Enteignung 1945, im Besitz der Familie geblieben (heute Heilpädagogisches Kinder- und Jugendheim). Schlimmen Hochwassern der Unstrut haben die von Marschalls schon 1670 mit einem Schutzdamm zu begegnen versucht. Doch erst ab Mitte des 19. Jahrhunderts kam es unter dem preußischen Landrat Wolf Freiherr Marschall von Altengottern nach gesetzlich verfügter Unstrutregulierung dazu, dass der Fluss wie im gesamten Oberlauf ausgebaut und mit Deichen versehen wurde, Krümmungen beseitigt und Bachmündungen verlegt worden sind, besonders hier auf den rund 20 Kilometern zwischen Mühlhausen und Merxleben.[18]

Unstrutwehr Altengottern und Bergfried Thamsbrück

Einer der Unstrutzuflüsse ist der **Großengottern** (Museum, historische Landmaschinen im Hornhardtschen Rittergut) und die gleichnamige Talsperre durchfließende, vor Thamsbrück mündende Suthbach. Er kommt von Flarchheim her, wo das Heer des mit päpstlichem Bann belegten Königs Heinrich IV. das des Gegenkönigs, des schwäbischen Herzogs Rudolf von Rheinfelden, 1080 besiegte. Eine Schlacht mehr im sog. Sachsenkrieg, dem unstrutabwärts eine bei Homburg vor Langensalza vorausgegangen war. Das Nonnenkloster Homburg lag rechtsseitig der Unstrut auf dem Hochufer der Aue, ist Reichshof (1073) gewesen, bei dem es zu der erwähnten Schlacht kam. Der aufständische thüringisch-sächsische Adel unter Führung des Bayernherzogs Otto von Northeim unterlag mit einem sächsischen Bauernaufgebot 1075 dem böhmisch verstärkten Reichsheer König Heinrichs IV., woran der hiesige Flur- und Teichname Böhmen sowie böhmisches Wäldchen erinnern dürften. Am Südrand des Harzes waren die Zerstörung des eingangs genannten Hansteins und der Bau königlicher Herrschaftsburgen auf erbitterte Gegenwehr des heimischen Adels gestoßen, was zu dem langwierigen Sachsenkrieg führte. Das 1136 von Kaiser Lothar III. in ein Benediktinerkloster umgewandelte Kloster wurde im Bauernkrieg zerstört; seine Baureste waren geschütztes Bodendenkmal, sind verlorengegangen wie auch die Erinnerung vor Ort.

Schloss Altengottern unweit der Unstrut

Das letzte Stück Unstrut-Radweg vor Thamsbrück läuft auf dem Deich nach **Thamsbrück**. Am Wehr vor dem Ort zweigt rechts die kanalartige Unstrut ab, während der Radweg die Alte Unstrut bis zur alten Obermühle begleitet. Thamsbrück wird im Fuldaer Güterverzeichnis um 800 *Tungesbrucgen* genannt und findet sich zu 1288 als befestigter Flussübergang erwähnt. Der

Kirche und Friedhof Merxleben, Gedenkort an die Schlacht bei Langensalza 1866

Bergfried aus der Mitte des 12. Jahrhunderts ist der Rest einer Höhenburg über der Unstrut, die Sitz zweier Söhne Ludwigs des Springers gewesen ist. Neben Gotha, Buttelstedt und Weißensee war Thamsbrück eine der vier Gerichtsstätten in Thüringen. Das Ackerbürgerstädtchen feiert alljährlich ein großes »Ablassfest«, an dessen Ende der Dominikanermönch Johannes Tetzel, obwohl nie hier gewesen, symbolisch in die Unstrut geworfen wird. Eine Zeichnung von 1734 bezeugt die lange Tradition.[19]

Hinter Thamsbrück verläuft der Unstrut-Radweg rechts abbiegend auf der Trasse der einstigen Kleinbahnstrecke via Bad Langensalza. Er wechselt über die Unstrut und die Salza und führt in die Kurstadt oder am Stadtrand am Jüdenhügel (ehemals jüdischer Friedhof) vorbei zum Riedsgraben, dem er bis zum Einfluss in die Unstrut vor Nägelstedt folgt. Jenseitig verbleibt **Merxleben**, das 1866 in den Deutschen Krieg einbezogen wurde. Die von Bismarck angestrebte militärische Auseinandersetzung Preußens mit Österreich fand eines ihrer Schlachtfelder auf den Wiesen am Jüdenhügel vor Langensalza. Etwa 20000 Hannoveraner hatten unter ihrem König Georg V., mit Österreich verbündet, bei Merxleben Stellung bezogen und vom (anschließend gräberreichen) Friedhof der Martinskirche aus die preußischen Verbände beschossen. Ihren siegreichen Ausfall am 27. Juni über den Fluss vermochten nachgezogene preußische Truppen zu stoppen: »Schlacht gewonnen und den Krieg verloren« [20], nur wenige Tage später erlitt Österreich die entscheidende Niederlage bei Königgrätz.

Durch Flussregulierungsarbeiten sind 1811 im Unstrutbett bei Merxleben Schwefelquellen entdeckt worden, die in einem Badehaus medizinisch genutzt und bis 1945 mit Brunnenfesten im Badewäldchen begangen wurden, dann für das Schwefelbad Langensalza zentrale Bedeutung erlangten. 1952 ist es Merxleben gewesen, wo die erste landwirtschaftliche Produktionsgenossenschaft (LPG) der DDR gegründet wurde, unmittelbar nach der 2. Parteikonferenz der Sozialistischen Einheitspartei Deutschlands (SED) mit ihren Beschlüssen zum Aufbau des Sozialismus. Das Merxlebener LPG-Statut wurde verbindlich für alle LPGs vom Typ II, bei dem der im Eigentum der Bauern verbleibende Boden und die Technik genossenschaftlich genutzt worden sind.

Kurstadt an der Salza

Es war ein gewisser A. Schmidt, Rektor und Heimatkundler in Langensalza, der in seinem Lied »Mein Unstruttal« 1926 im Heimatbuch beklagte: »Gesungen wird vom Saalestrand, vom Neckar und vom Rhein, / von meinem lieben Heimatland, das fiel noch keinem ein ...«. Hier ist freilich vom oberen Unstruttal die Rede, wo dieser Autor zuhause war, indes das untere mit seinen Weinberghängen zur Saale hin viel besungen worden ist.

Das 932 in einem Gütertausch zwischen König Heinrich I. und dem Kloster Hersfeld genannte *Salzaha* wird als erste Beurkundung für **Langensalza** genommen, ist aber so schon 776 erwähnt worden. Die Salza durchfließt die heutige Kurstadt geteilt zur Unstrut hin, mündet bei der Kallenbergsmühle vor Merxleben und als Riedsgraben vor Nägelstedt. »In einem Kalksteinkessel nahe dem heutigen Stadtteil Ufhoven liegen ihre Quellen«, schreibt Kühnlenz,[21] »teichartige, brodelnde Wasserlöcher, die im Volksmund ›Golken‹ ... genannt werden. Das Wasser der Salza hat im Sommer wie im Winter eine Wärme von 9 bis 10 Grad. Der Kalktuff, den die Salza abgesetzt hat, bildet ein dauerhaftes, wetterbeständiges Baumaterial; aus ihm bestehen die meisten Bauwerke von Langensalza und Umgebung.« Das genannte **Ufhoven** (*Uffhöven alias Saltza*) war einst Sitz eines Erzpriesters, also wohl eine Urpfarrei; auf Salza bezogen verstand es sich als »Ober-Hof«. Aus romanischer Zeit findet sich in der Dorfkirche St. Wipperti (18. Jh.) ein vergoldetes Kupferkreuz mit dem Gekreuzigten.[22]

Wasserkanal am Augustinerplatz in Bad Langensalza

Im staufisch-welfischen Thronstreit belagerte die nach Thüringen einfallende Streitmacht Kaiser Ottos IV. 1212 die unweit vom Reichshof Homburg gelegene Dryburg. Vom Tribock[23] ist die Rede, der größten Wurfwaffe unter den mittelalterlichen Belagerungsgeräten, deren Einsatz vor der Runneburg von Weißensee historisch verbürgt ist. Die Dryburg war Stammsitz derer von Salza, eines allein im Ort Salza in mehrere Linien verzweigten Ministerialengeschlechts der Thüringer Landgrafen, dem mit Hermann von Salza der Hochmeister des Deutschen Ordens (1210–39) angehörte. Die Herren von Salza veräußerten ihre hiesigen Rechte ab 1342 an den Landgrafen und das Erzbistum Mainz, deren Rivalität in der Thüringer Grafenfehde zur Zerstörung der Burg und zu den »Schreckenstagen von 1346« der Stadt Salza führte.

Nach dem Zusammenschluss von Alt-, Neu- und Jakobsstadt 1356 kam es zu einer erweiterten Ummauerung der Stadt unter alleiniger landgräflicher Herrschaft seit dem Jahr 1387. Die Stadt wies sieben Tore und 24 Wehrtürme auf, von denen noch 16 Türme und das Klagetor erhalten blieben, die wie die Stadtmauer und viele Gebäude aus dem heimischen Travertin errichtet sind. In den Ordensgründungen der Herren von Salza, so des Klosters der Augustiner-Eremiten 1280 und des Weißfrauenklosters (der Reuerinnen) 1353, und in Kirchenbauten zum Ende des 14. Jahrhunderts, der Marktkirche St. Bonifatius und Bergkirche St. Stephan, spiegelte sich im Mittelalter der Rang einer Stadt. Ihre Wirtschaftskraft gründete auf dem Waidanbau in umliegenden Dörfern, auf deren Anger zuweilen noch einer der großen Mühlsteine anzutreffen ist, mit denen die Pflanze zerrieben wurde. Langensalza war eine der fünf thüringischen Waidstädte (neben Erfurt, Arnstadt, Gotha, Tennstedt), die mit Färberwaid handelten, weithin in Europa und nach Übersee. Reiche Tür- und Torbogen stattlicher Bürgerhäuser in der Markt- und Salzstraße sowie am Kornmarkt zeugen davon. Ein Kleinod ist Haus Leinecke in der Marktstraße 18, ein in den Obergeschossen auskragender Fachwerkbau von 1605, der dendrochronologisch auf 1393 datiert wurde; die Restaurierung legte die spätgotische Umrisszeichnung eines »Geschlechterkampfes« frei. Eine kursächsische Ganzmeilensäule von 1729 (Nachbildung) steht in der Marktstraße. Langensalza besitzt die nach Erfurt und Mühlhausen drittgrößte Altstadt in Thürin-

Bad Langensalza. Die Dryburg, Stammsitz derer von Salza

Rechte Seite, oben: Klagetor und westliche Stadtmauer

unten: Bergkirche St. Stephan am Mauerring, Blick zur Orgel und mehrstöckigen Kanzel von 1590

Stadtmuseum mit Turm der Klosterkirche der Franziskaner

Turm der spätgotischen Hallenkirche St. Bonifatius am Markt

gen. Das Stadtmuseum am Augustinerplatz ist auf Grundmauern des Franziskanerklosters untergebracht, beim erhaltenen Turm der Klosterkirche.

Bei der Leipziger Teilung der wettinischen Lande 1485 fiel Salza (erstmals 1578 als Langensalza beurkundet) an die sächsischen Albertiner, 1657 an deren Nebenlinie der Herzöge von Sachsen-Weißenfels. Die wieder erbaute, in den Mauerring mit einbezogene Dryburg wurde Amtsschloss und herzoglicher Witwensitz (heute Galerie, Kunstwestthüringer e. V.). Die letzte Herzoginwitwe ließ sich 1749/50 das nach ihr benannte Friederikenschlösschen mit Kavaliershäuschen und Park als Sommerresidenz errichten, noch kurz vor ihrem Tode. Das Sekundogeniturfürstentum Sachsen-Weißenfels war schon 1739 im Mannesstamm ausgestorben und an die albertinische Hauptlinie zurückgefallen.

Langensalza ist Geburtsstadt und Wirkungsort namhafter Personen geworden, so 1621 des evangelischen Liederdichters Georg Neumark (getauft in der Bergkirche), der nach der 30-jährigen Kriegsfurie das wohl bekannteste Kirchenlied »Wer nur den lieben Gott lässt walten« schuf. 1732 wurde hier Johann Christian Wiegleb geboren, Apotheker und Chemiker, der 1759 eine Apotheke und zwei Jahrzehnte danach in der Marktstraße 7 das erste private Bildungsinstitut für Chemiker und Pharmazeuten in Deutschland eröffnete; die Deutsche Akademie der Naturforscher Leopoldina wählte ihn zu ihrem Mitglied.

Haus Leinecke, Fachwerkbau von 1605

Barockes Rathaus mit Glockenspiel

In dem fassadenprächtigen Patrizierhaus Salzstraße 3, bei der in Tuchmacherei und Wollzeughandel führenden Familie Weiß, trat 1748 Friedrich Gottlieb Klopstock, der bereits gefeierte Oden- und »Messias«-Dichter, nach Abschluss seines Leipziger Studiums eine Hauslehrerstelle für zwei Jahre an. Am Kornmarkt 8 ist Christoph Wilhelm Hufeland 1762 geboren worden, nachmalig Weimarer Arzt, Jenenser Medizinprofessor, königlicher Leibarzt in Berlin und Volkserzieher (Hauptwerk »Die Kunst, das menschliche Leben zu verlängern«, 1797). Er hat die Pockenschutzimpfung und Leichenhäuser eingeführt und war Mitbegründer der Charité in Berlin. Das preußisch gewordene Langensalza wurde 1816 Geburtsort des liberalen Buchhändlers und Verlegers Ernst Keil (Marktstraße 10), der in Leipzig mit dem illustrierten Familienblatt »Die Gartenlaube« 1853 das erste große erfolgreiche deutsche Massenblatt schuf, das bis Ende 1943 erschienen ist; nach eigenen Worten wollte er »unterhalten und unterhaltend belehren«.

Johann Christian Weiß, Nachkomme aus dem erwähnten Handelshaus, gründete in den Jahren 1803/04 in der Rasenmühle und Obermühle eine Baumwollspinnerei, deren Maschinen er in der Folge auf Kammgarnspinnerei umstellte bzw. eigens gebaute Kammgarnspinnmaschinen dazu einsetzte. Nach Aufstellung einer ersten Dampfmaschine entstand hier 1819/20 die erste maschinelle Kammgarnspinnerei in Deutschland und zugleich eine der größten Fabriken in der Region. In der Folgegeneration wurde die Mittelmühle hinzugekauft und 1881/82 ein Spinnsaal mit

Friederikenschlösschen, einstige herzögliche Sommerresidenz, heute kultureller Veranstaltungsort der Kurstadt mit Parks und Gärten

Tagesoberlicht erbaut. Am Ende stand ein von der Unternehmerfamilie Weiß betriebener Zusammenschluss von sechs thüringischen Kammgarnfabriken zum Vereinigten Kammgarn-Comptoir (Syndikat) mit Geschäftssitz in Gotha.

Aus der 1811 im Unstrutbett entdeckten Schwefelquelle und der ersten 1812 im Badewäldchen eröffneten Schwefelkur entwickelte sich die Langensalzaer Heilbadgeschichte. Die Stadt erhielt 1956 den Namenszusatz Bad, ließ Kurparks und Themengärten anlegen und 1999 die Friederiken-Therme, ist seit 2005 als Schwefel-Sole-Bad anerkannt.

Auch wenn ein Wanderer wie Fritz Kühnlenz 1960 erwog, »die Strecke bis zur Sachsenburger Pforte, die nicht so überreich an landschaftlichen Schönheiten ist wie spätere Partien, im Auto zurückzulegen«,[24] ist allein schon wegen des herrlichen Wandertales und Radweges durch das Naturschutzgebiet zwischen Nägelstedt und Großvargula zu widersprechen. Es ist eine der schönsten Unstrutlandschaften. Im Übrigen ermöglicht ja das Fahrrad auch gelegentlich zügigeres Radeln. Der Unstrut-Radweg verläuft hinter Langensalza entlang dem Riedsgraben und über die Unstrut weg nach **Nägelstedt**, einer 977 *Negelstedi* genannten Ortschaft. Nicht zu übersehen lagert dort zwischen Unter- und Oberdorf der denkmalgeschützte Schieferhof mit Haupthaus, Scheunen und Wirtschaftsgebäuden (heute kommunal, sommers »Nägelstedter Bauerntheater«). Um 1565 hat sich Hans von Germar die Wohnfestung errichten lassen. Er war 1548 zum Landkomtur über die Ballei Thüringen erhoben worden, das älteste Ordensgebiet der Deutschen Ritter im heutigen Deutschland. Wegen seines gebrochenen Gelübdes der Ehelosigkeit wurde er von der Herrentafel des Ordens zu Mergentheim ausgeschlossen, gab er die Ballei 1558 auf. Die Ordenskirche St. Georg steht im Unterdorf, wo der Deutsche Orden schon seit vor 1224 eine Kommende hatte. Die Kirche

Der wehrhafte Schieferhof in Nägelstedt, Dorf- und Hofseite

Nägelstedt, Brunnenhäuschen von 1568 und Martinskirche im Oberdorf

Rechte Seite: Die alte Nägelstedter Lohmühle jenseits der überbrückten Unstrut mit Wehr und neuem Wasserrad am Eingang zum Naturschutzgebiet Unstruttal

St. Martin im Oberdorf fiel 1482 dem Orden zu; am Eingangstor der alten Pfarre findet sich 1559 eingemeißelt, am nahen Brunnenhäuschen 1568. Heinrich Moritz Freiherr von Berlepsch, kursächsischer Kammerherr und Neffe des Premierministers Heinrich Graf von Brühl, wurde 1755 Landkomtur zu Nägelstedt und von 1795 bis zur Aufhebung des Ordens durch Napoleon 1809 letzter Landkomtur der Deutschordensballei Thüringen. Die der Unstrut aus Burg- und Gräfentonna rechtsseitig zufließende Tonna mündet bei der Nägelstedter Lohmühle (urk. 1255) ein, die einst drei unterschlächtige Wasserräder antrieb. Der heutige Bau ist von um 1850 und seit 2009 mit einem Wasserrad zur Energiegewinnung ausgestattet und am Wehr überbrückt.

In **Gräfentonna** jenseits der Unstrut saßen die Grafen von Tonna von 1089 bis 1631 auf Schloss Kettenburg, das auf eine Wasserburg um 1200 zurückgeht. Als sie die Burg Gleichen zu Lehen bekamen, nannten sie sich Grafen von Gleichen. Die Kettenburg wurde fürstlich-gothaisches Amtshaus bis 1859, fortan Zuchthaus und Landesstrafanstalt bis 1991; eine neue Justizvollzugsanstalt ist 2002 bei Gräfentonna eröffnet worden. Seit 1648 birgt die Hauptkirche St. Peter und Paul den spätgotischen Kreuzaltar der verfallenen Grimmenthaler Wallfahrtskirche vom fränkischen Bildschnitzer Hans Nußbaum, »einen der größten und schönsten Schnitzaltäre Thüringens«[25]. Nach 1677, als Tonna an Sachsen-Coburg gefallen war, ließ der Herzog das neue Schloss am Markt bauen.

Der Radweg führt linksseitig vom Fluss durch das »Naturschutzgebiet Unstruttal zwischen Nägelstedt und Großvargula«[26]. Es ist ein steil und tief in den Muschelkalk eingeschnittenes Durchbruchstal der Unstrut, die hier noch weitgehend natürlich fließt, Gleit- und Prallufer, Abbrüche, Kolke, Kiesbänke und Inseln auf-

Durchbruchstal
der Unstrut,
Naturschutzgebiet
zwischen Nägelstedt
und Großvargula

weist. An den südexponierten Talhängen wechseln kleinflächige Halbtrockenrasen mit ausgedehnten subkontinentalen Steppenrasen, deren sogenannte Kennart das Frühlings-Adonisröschen ist. Die Hänge werden von Schafen beweidet, die gegenüberliegenden tragen Laubwald. Die Unstrut zieht die Grenze zwischen den Landkreisen Unstrut-Hainich und Gotha, für deren Bewohner das Tal ein Naherholungsgebiet ist.

In **Großvargula** wechselt der Unstrut-Radweg wieder auf das rechte Ufer, wo er lange, bis nach Schallenburg hin, verbleibt. Der vor 785 dem Kloster Fulda geschenkte Ort *Fargalaha* (876 *Fargenloh* genannt) wurde durch die Schenken von Vargula namhaft. Die im landgräflich-ludowingischen Dienst stehenden (Mund-)Schenken vermochten als unfreie Amtsträger in den Adel aufzusteigen, eine seit der Regentschaft von König Heinrich IV. stärker wahrzunehmende Entwicklung. Von der hiesigen, in einer Unstrutschleife gelegenen Wasserburg (urk. 1281) nahmen die Schenken ihren Ausgang und gewannen Streubesitz bis zur Saale hin. Bei Regulierung der bis dahin durch den Ort fließenden Unstrut sind die Burgreste 1972 verschwunden. Als die Stammlinie der Schenken vor Mitte des 14. Jahrhunderts ausstarb, kam der Ort über den Deutschen Ritterorden 1385 an die Stadt Erfurt, wurde »Erfurtisch Amt Vargula«. Der nördlichste Weinberg Thüringens ist hier zu finden; die Anfänge hiesigen Weinanbaus gehen ins 14. Jahrhundert zurück. Die Unstrut wird nun, wie eingangs zitiert, »zum träge in seiner Aue pendelnden Flachlandfluss«.

Aus Großvargula steigt der Radweg (Landstraße) auf ein Plateau und führt in das Spargeldorf **Herbsleben**, einen vor 900 in der Fuldaer Überlieferung *Herifridesleiben* oder *Herfridesleba* genannten Ort, der Sage nach ein Sitz der Könige von Thüringen; bei der nahen Tretenburg ist darauf zurückzukommen. Die -leben-Orte reichen wohl in diese Zeit zurück, treten jedenfalls gehäuft in Thüringen auf; entlang der Unstrut liegen Merxleben, Ring-, Haß-, Hensch-, Wunders-, Etz-, Gors-, Oldis-, Roß- und Memleben. Sicher beurkundet wurden Burg und Ort Herbsleben durch Heinrich von *Herverisleyben* 1144. Die durch die Henneberger Grafen belehnte Familie von Herbsleben ist nur bis 1424 fassbar, in der Nachfolge kam es zu einer wechselvollen Geschichte von Burg und Schloss, bis dieses 1830 an die Fürstin zu Hohenlohe-Schillingsfürst gelangte, 1847 an deren Sohn Victor Moritz Karl Erbprinz zu Hohenlohe-Schillingsfürst. Dem Familienbesitz über das Klostergut Corvey und die waldreiche schlesische Herrschaft

Brückenzugang zum einstigen Amtshaus und zu den freigelegten Ruinen von Schloss Herbsleben (ehemals Wasserburg) derer zu Hohenlohe-Schillingsfürst

Ratibor folgend, verlieh ihm der preußische König 1840 den Titel Herzog von Ratibor und Fürst von Corvey. Das 1958/59 abgerissene Schloss, eine neuneckige Anlage, seit 2000 wieder freigelegt, zeigt sich noch mit eindrucksvollen Grundmauern und der Ringmauer mit integrierter Burgkapelle um 1230. Unter Renaissance-

Mühlgrabenwehr der Obermühle in Herbsleben

baumeister Nickel Gromann ist die Anlage um 1555/57 mit Erdwall und Graben erweitert worden. Sehenswert ist das Rathaus mit Fachwerkobergeschoss. Die Kirche St. Trinitatis (Umbau 1602) ist eine der größten Dorfkirchen in Thüringen.

Die Herbslebener Ober- und Untermühle am Mühlgraben wurden früh beurkundet (1391 bzw. 1299). Die mächtige Obermühle, mit neuer Wehranlage (1869) und Turbinenantrieb, arbeitet in Familientradition. Die einst an den Schlosswallgraben grenzende Untermühle stellte 1991 ihren Betrieb ein (Pension Mühlenrad); von der im Familienbesitz folgenden Uta-Angela Schmidt liegen Gedichtzeilen vor: »An der Unstrut steht eine Mühle – / daneben mein Vaterhaus, / und in des Abends Kühle, / ruh' ich mich am Wasser aus. / Die Unstrut murmelt leise, / dann rauscht sie über das Wehr … / Die Mühlsteine schlafen für immer, / es klappert kein Schrotgang mehr …«[27]

Ausgangs Herbsleben entfernt sich der Radweg wieder von der Unstrut und läuft auf schnurgerader Landstraße auf Gebesee zu. Auf dem jenseitigen Unstrutufer liegt, mit dem bloßen Auge vom Radweg nicht auszumachen, zwischen dem Herbsleber Ried und dem Rückhaltebecken Straußfurt auf geringer Höhe das Gelände der **Tretenburg.** Keine markante Erscheinung für den von Reinhold Andert, einem in Sömmerda aufgewachsenen Orgelbauer, Liedermacher und Historiker, entlang der Unstrut Ort für Ort sowie im Schrift- und Erzählgut intensiv gesuchten, im Jahre 531 mit dem Reich der Thüringer untergegangenen Königshof.[28]

Immerhin, die Tretenburg war, zentral gelegen, Versammlungsplatz und Gerichtsstätte des thüringischen Stammes über Jahrhunderte hin, ist mit großen Zusammenkünften bezeugt, so 1073, als sich hier Sachsen und Thüringer gegen König Heinrich IV. verbündeten, was die schon bei Kloster Homburg erwähnten langwierigen Sachsenkriege zur Folge hatte; 1290 soll die Tretenburg geschliffen worden sein.

Herausgebildet hatte sich »der thüringische Stammesverband durch den Zusammenschluß elbgermanischer Hermunduren mit mehreren anderen germanischen Stammesgruppen. Auf die Beteiligung von Angeln und Warnen deuten Funde sowie das später aufgezeichnete Gesetz *Lex Angliorum et Werinorum hoc est Thuringorum* hin. Um 400 wird die Bevölkerung erstmals als *Thoringi* bezeichnet. Im 5. Jahrhundert fand der Stammesverband seinen politischen Ausdruck im Thüringer Königreich.«[29]

Das Thüringer Reich war völkerwanderungszeitlich das mächtigste germanische Reich jenseits des alten Limes, »also außerhalb des Römischen Imperiums. Sein Herrschaftsbereich erstreckte sich zu Beginn des 6. Jahrhunderts von der oberen Donau und dem oberen Maintal bis in den niedersächsischen Raum, von der Werra bis zur mittleren Elbe. Als Teil des ostgotischen Bündnissystems Theoderichs (König der Ostgoten – d. Verf.) wurden die Thüringer zum wichtigsten Machtfaktor gegen das expandierende Frankenreich östlich des Rheins, dem sie aber letztlich nicht standhalten konnten. Mit Theoderichs Tod (526) unterwarfen die merowingischen Könige Theuderich I. und Chlothar I. die Thüringer nach einer katastrophalen Niederlage an der Unstrut 531 der fränkischen Herrschaft.«[30]

Kernraum des Siedlungsgebiets der »Thuringi« war das Thüringer Becken mit der Unstrut (*Onestrudis*), die der einzig sichere Anhaltspunkt ist, den die frühen Quellen wie der fränkische Geschichtsschreiber und nahezu Zeitzeuge Bischof Gregor von Tours (*538) oder später der Sachse Widukind von Corvey (10. Jh.) in ihren Erzählungen gegeben haben. Für die von Widukind genannten Orte *Runibergun* und *Scithingi* haben intensive Suchgrabungen in der Runneburg von Weißensee und im Burggelände von Burgscheidungen keinerlei Fundgut aus merowingischer Zeit erbracht. Verbürgt ist nur die Schlacht des Jahres 531 an der Unstrut, in der die Franken die Thüringer vernichtend schlugen und das im mitteldeutschen Raum ausgedehnte Reich König Herminafrids zusammenbrach. Bildhaft beschreibt Gregor von Tours in seiner »Historia Francorum« das Ende der zur Unstrut Flüchtenden: »Dort wurden so viele Thüringer niedergemacht, dass das Bett des Flusses von der Masse der Leichname zugedämmt wurde und die Franken über sie, wie eine Brücke, an das jenseitige Ufer zogen«. Letzte Augenzeugin für diesen Bericht war die als Geisel ins Frankenreich verbrachte Radegunde, die Nichte von König Herminafrid; nach Zwangsheirat mit König Chlothar floh sie in ein Kloster von Poitiers, gründete das Nonnenkloster Ste-Croix und wurde noch zu Lebzeiten als Heilige verehrt. Im Gedicht »Vom Untergang Thüringens. Das Klagelied der Radegunde« fasste Venantius Fortunatus, ein ihr befreundeter, am merowingischen Königshof lebender Dichter, beider Schicksal zusammen: »Ach, ein einziges Grab barg nun ein ganzes Geschlecht! / Jetzt kann Troja allein nicht mehr sein Ende beweinen, / Denn auch Thüringen litt ebenso blutigen Mord ... / Glücklich die Männer, die tödlich die Waffe des Feindes getroffen, / Ich alleine nur blieb, sie zu beweinen, zurück ...« – In karolingischer Zeit und fränkischer Herrschaftsorganisation wurde »Thuringia« eine politisch-geografische Einheit zwischen Harz, Thüringer Wald, Werra und Saale.

Auch auf dem unweit der Tretenburg rechts der Unstrut und der einmündenden Gera liegenden Klausberg bei **Gebesee** reicht die Geschichte nicht bis in merowingische Zeit zurück. Dafür konnte archäologische Forschung dort die gesuchte Königspfalz *Geuise* nachweisen, auf der 1004 König Heinrich II. Station gemacht hat und urkundete. Mit freigelegt wurde der Grundriss der späteren Katharinenkapelle, einer 1532 wust genannten Wallfahrtskirche; sie hatte wohl eine vom angelsächsischen Missionar Bonifatius, dem Kirchenreformer im Frankenreich und angrenzenden Germanien, um 730 veranlasste Vorgängerkapelle. *Gebise* (Anf. 9. Jh. erwähnt) zählte zum Güterverzeichnis des vom Mainzer Erzbischof Lullus gegründeten Klosters Hersfeld. Die Burg derer von *Gebese* und der Marktflecken Gebesee, ein Ackerbürgerstädtchen um St. Laurentius, gehörten im 16. Jahrhundert den Grafen von Beichlingen. Nach wechselndem Besitz an den Oberjägermeister Burkhard Anton Friedrich von Oldershausen gelangt, wurde die Ruine »Bärenstein« um 1740 zum Barockschloss ausgebaut, eine

Schloss Gebesee, Torbogenhaus und hofseitige Ansicht

geschlossene Anlage mit Torbogenhaus; nahebei steht die Katharinenkirche. 1919 haben die »Stiftung deutsche Landerziehungsheime« das Schloss und die Siedlungsgesellschaft »Sachsenland« Teile des Ritterguts übernommen, damit 18 Landstellen geschaffen für Siedler, die gemäß dem Versailler Vertrag aus Polen zugesprochenen Gebieten kamen.

Die vom Rennsteig abfließende Gera, wichtigster Nebenfluss und wasserreicher als die Unstrut, mündet hier nach 85 Kilometern. »Die Überschwemmungen im Bereich der Geramündung treten fast immer durch Rückstau ein. Unstrut und Gera, die nahezu im rechten Winkel zusammenfließen, stauen sich gegenseitig auf, und so wird sowohl das ›Große Ried‹ links der Unstrut als auch die Geraaue bei Gebesee überflutet.«[32] Für die Gera und ab ihrer Einmündung auch für die Unstrut wird ab 1700 mit erster Scheitholzflößerei gerechnet, insbesondere wohl für den Holzbedarf der Salinen in Frankenhausen und bald auch in Artern.

Die wasserreiche Gera unter der Straßenbrücke nach Henschleben kurz vor der Mündung in die Unstrut

An der Gera aufwärts entfernt sich der Radweg von der Unstrut nach **Ringleben** (urk. 786) hin und gewinnt auf dem schmalen Deichweg zwischen Mahlgera und Gera seinen eigenen Reiz. Bahnhofsnah steht der eindrucksvolle Gebäudekomplex der Firma F.A. Schmidt, die Heil- und Gewürzpflanzen der Umgebung auf den Schienenweg gebracht hat.

Noch einmal verläuft der Radweg abseits der Unstrut auf der Landstraße nach **Haßleben**, das von der Schmalen Gera kanalisiert durchflossen wird. Das linksseitig der Unstrut folgende Rückhaltebecken Straußfurt dürfte für diesen großen Bogen des Radweges bis nach Werningshausen gesorgt haben. Südöstlich der Ortslage Haßleben ist 1912/13 bei der Kiesgewinnung das mit überaus reichen Beigaben (Gewandfibeln) versehene »Fürstinnen-

Ringleben von der Gerabrücke gesehen

grab von Haßleben« aus dem 4. Jahrhundert entdeckt worden. Zum Fundkomplex, der im Museum für Ur- und Frühgeschichte Thüringens in Weimar lagert, gehörten umliegende (vermutlich) »Dienerinnen«-Gräber, was von einer entstehenden Stammesoberschicht, einem »Uradel, und von in persönliche Abhängigkeit geratenden Unfreien kündet.

Nach verheerendem Brand 1822 wurde nahezu das gesamte Dorf nach Plänen des Architekten Clemens Wenzeslaus Coudray, Großherzoglicher Oberbaudirektor in Weimar, mit brandsicheren Einheitsgehöften neu aufgebaut.

Ortsbebauung um St. Michael in Haßleben

Haßlebener Ried, seit 2007 ist das Kalkniedermoor auch als Vogelschutzgebiet ausgewiesen

Ausgangs Haßleben folgen durchweg schöne Landschaftspartien am Radweg bis Schallenburg und Sömmerda. Zunächst geht es an der schilfbestandenen Schmalen Gera entlang, zur Rechten das »Naturschutzgebiet Haßlebener Ried«, ein Kalkniedermoor. Laut Info-Tafeln ist es vor rund 12 000 Jahren nach der letzten Eiszeit durch Verlandung des großen Überschwemmungsgebiets der Gera-Unstrut-Niederung entstanden.

Es folgt **Werningshausen**, wo Mönche und Einwohner 1973 mit dem Wiederaufbau der vor Abriss stehenden Kirche und des Pfarrhauses (1750, heute Gästehaus) begannen, was 1987 zum ersten approbierten lutherischen Kloster nach der Reformation führte. Die Kloster- und Gemeindekirche ist der vierte Bau an dieser Stelle (von 1776, Turm 1841). Die Klostergebäude wurden zwischen 1989 und 2000 im thüringischen Fachwerkstil errichtet. Im Priorat Sankt Wigberti leben Brüder verschiedener Konfessionen nach der Regel des Heiligen Benedikt im Geist der Ökumene. In der Streckenmitte des Unstrut-Radweges liegend, sind Radwanderer zu Einkehr und Übernachtung eingeladen.

Eine Wegstrecke hinter Werningshausen fließt die Schmale Gera der Gramme ein, einem munteren Flüsschen, dem der Radweg bis zur Mündung in die Unstrut folgt, dort wieder zum eigentlichen Unstrut-Radweg wird. Der führt unmittelbar am Fluss und seinen Inseln entlang, am jenseitigen, früh beurkundeten **Wundersleben** (744 *Wunerslouben,* Unstrutbrücke) vorbei, in einem schönen Landschaftsstück bis nach Schallenburg.

Ökumenisches Benediktinerkloster Priorat St. Wigberti, Eingänge am Turm und Kirchzugang entlang dem Pfarrhaus, heute Gästehaus

Zwei Gesichter des Hochwasserrückhaltebeckens Straußfurt

Nachzutragen bleibt hier, was sich unstrutnah zwischen Gebesee und Wundersleben zuträgt. Da ist linksseitig vom Fluss vor allem das **Hochwasserrückhaltebecken Straußfurt** zu nennen, mit dessen Bau 1952 begonnen worden ist, um der Überschwemmungen der Unstrut Herr zu werden. »Nach den Beobachtungen am Unstrutpegel Straußfurt (erste Messstellen in Ammern und Nägelstedt – d. Verf.) sind in dem 58-jährigen Zeitraum von 1888 bis 1945 nicht weniger als 163 Hochwässer zu verzeichnen gewesen.«[32] »Das Unstrutgebiet ist das am stärksten gefährdete Flußgebiet Mitteldeutschlands« wie »andererseits die sommerliche Niederwasserklemme ebenfalls ganz ausgeprägt auftritt«.[33] Erste Pläne, den Überschwemmungen im Mittellauf bis Bretleben durch Regulierungen und Flussbegradigung mit raschem Wasserabfluss abzuhelfen, hätten Grundwasserspiegel und landwirtschaftliche Erträge in diesem überaus fruchtbaren Raum des Thüringer Beckens gesenkt. Speicherprojekte wie hier halten hingegen das Wasser im Gebiet. Ein acht Meter hoher Erddamm auf 1850 Meter Länge staut bis zu 18 Millionen Kubikmeter Wasser. Zusammen mit dem Hochwasserrückhaltebecken von Kelbra / Kyffhäuser wird so seit den 1960er Jahren Hochwasserschutz für das gesamte Unstrut-Helme-Gebiet geleistet.

Unmittelbaren Schutz fanden die rechts der Unstrut anliegenden Orte Henschleben und Vehra sowie das linksseitige **Straußfurt**. Dieses zählt zu den trockensten Orten Deutschlands, wurde um 860 als *Stuchesfurt* (»vom Strauchwerk gesäumte Furt«) erwähnt, indes das gegenüberliegende **Vehra**, ehemals »Küchendorf« des Zisterzienserklosters Pforta, auf eine einstige Unstrutfähre im Ortsnamen weist.[34] Nördlich von Vehra befindet sich das Auslaufwerk der Unstrut, die unter Bahn- und Straßenbrücke hin wieder in ihrem Flussbett strömt.

Weißensee: Die mächtige Runneburg, Landgrafenburg in Thüringens Mitte

Zugang zur romanischen Burganlage

Denkmal für Walther von der Vogelweide auf dem Weißenseeer Markt

Den nächsten Unstrutübergang (Brücke) beherrschte die *Skalcenburg*, eine große frühgeschichtliche Anlage auf dem rechten Flussufer bei **Schallenburg**. Nimmt man die eingeebneten linksseitigen älteren Wall- und Burganlagen wie die »Weißenburg« und »Funkenburg« bei **Tunzenhausen** sowie die im Ort überbauten Burgen mit in den Blick, könnte in dieser Befestigungsdichte ein Sperrriegel gegen Slawen, Ungarn und andrängende Sachsen oder – früher noch – ein System fränkischer Wachstationen gesehen werden,[35] worauf bei der Sachsenburg über der Thüringer Pforte zurückzukommen ist.

Als Abstecher vom Radweg ist über Tunzenhausen das nahe **Weißensee** (*Wyssense* 1174 urk.) zu empfehlen, wo sich die ludowingischen Landgrafen in strategischer Mitte zwischen Werra und Saale (Wartburg und Neuenburg) die Burg Weißensee (später **Runneburg** genannt) nach 1150 errichten ließen, der Überlieferung nach Landgräfin Jutta von Thüringen ab 1168 (Palas mit um 1220 aufgestocktem Festsaal). Die Burg zählt zu den größten romanischen Burganlagen in Deutschland. Kaiser Otto IV. hat ihre Belagerung 1212, bei der die bei Langensalza erwähnte Steinschleuder zum Einsatz gekommen ist, abbrechen müssen; ein Nachbau des Tribock befand sich bis 2009 im Burggelände. In des Landgrafen Hermann I. Diensten hat nach 1204 Walther von der Vogelweide gestanden; wie er könnten auch die Minnesänger Wolfram von Eschenbach und Heinrich von Veldeke mit am Weißenseeer Hof geweilt haben. Auf dem Markt des einstigen Landgrafenstädtchens ist Walther von der Vogelweide ein Denkmal gesetzt worden. Landgraf Ludwig IV. (der Heilige, verehelicht mit der Hl. Elisabeth) hielt in der Burg Weißensee 1225 großen

Unstrutwehr vor der Oberstadt Sömmerda

Wildwasserkanal der Kanuten im Stadtpark Sömmerda

Hoftag ab. 1247 ist die Runneburg zusammen mit der Landgrafschaft Thüringen an die Wettiner gefallen, zu deren Amts- und Nebensitz sie wurde. 1996 hat die Stiftung Thüringer Schlösser und Gärten die Burganlage zur Wiederherstellung übernommen.

In Schallenburg wechselt der Radweg auf das nördliche Flussufer und verläuft auf einem Landweg nach **Sömmerda** hin, wo die Unstrut nach Norden abbiegt und so der Stadt im Mittelalter natürlichen Schutz geboten hat. Der Radweg führt auf der Riedtorstraße über das Unstrutwehr und den Mühlgraben, wo sogleich in die Oberstadt mit St. Petri und Pauli abgebogen werden könnte. Der Unstrut-Radweg aber bleibt am Fluss rechtsseitig und hält sich auf dem Deich in den Stadtpark hinein. Zur Rechten läuft ein Strömungskanal der Wildwasserkanuten mit, der vom Mühlgraben abzweigt. Auf Höhe der Fußgängerbrücke über die Unstrut muss man sich zum lohnenswerten Stadtbesuch nach rechts halten, über die Mühlgrabenbrücke hinweg in die Unterstadt.

Sumiridi item sumiridi sind 876 als zwei dem Kloster Fulda zustehende Orte genannt worden, welche die Namensforscher von althochdeutsch (ahd.) *sumar* = Sommer ableiten und als »Orte in einer sommerlichen, warmen, fruchtbaren Gegend« deuten. Vier

Geteilte Unstrut am Stadtpark

Mühlgrabenbrücke und Dreyse-Mühle in Sömmerda

Jahrhunderte später finden sie sich beide als *Maior Somerde* (Sömmerda) und *Minor Somerde* (Klein-/Wenigensömmern) verzeichnet. Eine Handvoll weiterer -sömmern-Orte gibt es zudem westwärts über Straußfurt/Weißensee hinaus: Gangloffsömmern, Lützen-, Mittel-, Horn-, Haussömmern, was sich als ein ganzer sommerlicher Landstrich verstehen lässt.[36] Das Thüringer Becken zählt mit ca. 1600 Sonnenstunden im Jahr zu den wärmsten Regionen Deutschlands, auch zu den trockensten Landschaften in Deutschland, liegt doch ein beträchtlicher Teil des Unstrutgebietes zwischen Gebesee, Sömmerda und Artern im Regenschatten von Harz und Thüringer Wald.[37]

Pfarrhaus (urspr. Amtshaus) und Kirche St. Bonifatius am Markt

Von Kaiser Konrad I. im Jahr 918 dem Kloster Fulda überschrieben, fiel Sömmerda nach wechselndem Besitz 1418 durch Kauf von der Grafschaft Schwarzburg an die Stadt Erfurt und blieb bis 1802 beim Kurfürstentum Mainz. Das Erfurter Tor von 1395 und sechs Mauertürme sind die Reste der Stadtmauer, welche im 16. Jahrhundert die Oberstadt mit St. Petri und die Unterstadt mit der spätgotischen Bonifatiuskirche und dem Renaissancerathaus an der landoffenen Seite umschloss.

Ausgangs des Marktplatzes steht das Geburtshaus (Gedenktafel) von Christian Gotthilf Salzmann (*1744), später evangelischer Pfarrer und Lehrer am Philantropinum Dessau, der in Schnepfenthal bei Gotha 1784 eine philanthropische Erziehungsanstalt gegründet hat (Denkmal vor St. Bonifatius). Am Nordrand des Marktplatzes findet sich das Amtshaus, ein repräsentativer Fachwerkbau von 1603, nachmaliges Pfarrhaus St. Bonifatius. Die Mühlgrabenbrücke von 1904 mit ihrem doppelten Hängesprengwerk führt in den Stadtpark, unweit erhebt sich die sechsetagige Dreyse-Mühle. Am Marktsüdrand steht der Fortunabrunnen mit einer von drei Figurengruppen in der Stadt, die Prof. Wolfgang Dreysse geschaffen hat; das vielgliedrige Ensemble gruppiert sich um ein (Kriegs-)Schachbrett, die große seitliche Figur gibt Johann Nicolaus von Dreyse, den Sömmerdaer Konstrukteur und Unternehmer, 1787 in der Langen Straße 4 geboren, 1864 geadelt, im Sterbehemd wieder.

Der Fortunabrunnen mit Dreyse am Marktplatz von Sömmerda, eine von mehreren Figurengruppen in der Stadt, die Wolfgang Dreysse geschaffen hat

Nicolaus Dreyse verdankt die 1802 an Preußen gefallene kurmainzische Ackerbürgerstadt Sömmerda Impulse zu wirtschaftlichem Aufstieg. 1817 hatte der gelernte Schlosser zusammen mit dem Erfurter Kaufmann und Unternehmer Friedrich Kronbiegel hier eine Metallwarenfabrik gegründet. 1827 erfand Dreyse das Zündnadelgewehr, eine leicht handhabbare Feuerwaffe, zu deren industrieller Fertigung er ab 1840/41 die finanzielle Unterstützung des preußischen Staates beim Aufbau einer Gewehr- und Gewehrmunitionsfabrik erhielt. Bis 1863 wurden 300 000 Gewehre geliefert, die dann im Deutsch-Dänischen Krieg 1864 und im Preußisch-Österreichischen, dem sog. Deutschen Krieg, 1866 zur Standardausrüstung der preußischen Truppen gehörten. Die Dreyse-Mühle am Mühlgraben, eine seit 1721 bezeugte Walk- und Ölmühle, hatte er 1841 zu einem Rohrhammerwerk für Gewehrläufe umbauen lassen. Ins Dreyse-Haus (Weißenseer Straße 15, Bibliothek) zog 2005 ein historisch-technisches Museum ein, das die Entwicklung zur Munitions- und Waffenfabrik AG, Sömmerda, vorm. Dreyse und deren Übernahme 1901 durch die Rheinische Metallwaren- und Maschinenfabrik AG (Rheinmetall) aufzeigt.
Die Stadt, 1881 an die Bahnstrecke Sangerhausen – Erfurt angeschlossen, hat Zyklen der Rüstungs- und Friedensproduktion sowie Deindustrialisierung erfahren: im Ersten Weltkrieg Hochbetrieb mit etwa 10 000 Beschäftigten (Gartenbergsiedlung für Arbeiterfamilien als Gartenstadt entstanden), danach gemäß dem Friedensvertrag von Versailles Umstellung auf Friedensproduktion (Schreib- und Rechenmaschinen) und schließlich neuerliche Rüstungsproduktion nach Fusion zu Rheinmetall-Borsig 1936, mit bis zu 14 600 Beschäftigten, davon 6 000 Zwangsarbeiter und Kriegsgefangene, größter thüringischer Betrieb; ab 1952 VEB Rheinmetall Büromaschinenwerk, 1990 stillgelegt.

Zur Thüringer Pforte und nach Artern

Aus der Stadt führt der Unstrut-Radweg im Stadtpark entlang dem Mühlgraben unter der B 176 hindurch und verläuft auf dem Deich so schön wie schmal an Wenigensömmern vorbei. Links mündet von Tunzenhausen her die Schmale Unstrut ein. Es ist ein bis Griefstedt unstrutnahes Radeln, immer den Fluss im Blick, bis nach **Leubingen**. Vor dem Ort mit seinen Kiesgruben fließt rechtsseitig die von der Finne kommende Lossa in die Unstrut, um sich bei Griefstedt aus dem gemeinsamen Flussbett zu lösen und als Unstrut-Lossa erst bei Gorsleben endgültig einzumünden. Der gewaltige Grabhügel des 1877 geöffneten frühbronzezeitlichen »Fürstengrabes von Leubingen« (um 1900 v. Chr.) ist heute Bodendenkmal südöstlich der Ortslage an der Stödtener Straße jenseits der A 71; eine Rekonstruktion der Totenhütte aus Eichenbohlen unter der Steinpackung des Hügelgrabes findet sich im Museum für Ur- und Frühgeschichte Thüringens, Weimar. Solche Einzelhügel außerhalb von Sippenfriedhöfen mit zentraler Lage eines männlichen Skeletts und reichem Goldschmuck weisen auf den Angehörigen einer entstandenen sozialen Oberschicht hin, auf einen hier beigesetzten Herrscher. Es ist der größte erhaltene frühbronzezeitliche Grabhügel der Aunjetitzer Kultur (nach dem Gräberfeld von Aunjetitz bei Prag benannt). Nach dem hiesigen Fundgut erhielt die mitteldeutsche Gruppe dieser von Thüringen, Sachsen-Anhalt, Sachsen über Böhmen, Schlesien, Mähren,

Angler auf einer Kiesbank des Flusses ausgangs Sömmerda Himmelfahrt 2020

Der Hügel des Fürstengrabes von Leubingen vom gleichnamigen Autobahn-Parkplatz gesehen

die Slowakei und nach Niederösterreich verbreiteten Kultur den Namen »Leubinger Kultur«. Das »Fürstengrab von Leubingen« ist jüngst in Verbindung mit zeitgleichen Fürstengräbern, Goldfunden und Ringheiligtümern im Saaleraum sowie mit der Himmelsscheibe von Nebra in das Bild eines ersten Großreiches in Mitteleuropa gebracht worden.[38] Die Kuppe des Leubinger Hügels hatte etwa 70 Bestattungen eines mittelalterlichen Friedhofes mit slawischen Beigaben geborgen.

In Sichtweite zum Fürstengrab wurde auf einer leichten Anhöhe bei Dermsdorf das bislang größte Haus der Frühbronzezeit Mitteldeutschlands entdeckt, 2011 konnte es freigelegt (10,5 m breit, 44 m lang) und dazu ein Depotfund von 93 Bronzebeilen gemacht werden. Nahe dem Leubinger Hügel ist 2010 eine jüngere, völkerwanderungszeitliche Gräbergruppe von »Leubinger Reiterkriegern« mit Schwert, Speer und Schild gefunden worden (Heimatstube im ehemaligen Pfarrhaus von 1715 bei der Dorfkirche St. Petri). Das 891 beurkundete Leubingen (*Loubingen*) gehörte seit 1529 zum umfänglichen Streubesitz der bis 1945 auf Schloss Beichlingen sitzenden Freiherren / Grafen von Werthern.

Wie die -leben-Orte werden die -ingen / -ungen-Orte der Zeit des Thüringerreiches zugerechnet, genauer gesagt den **Angeln**. In Wandergemeinschaft mit den **Warnen** aus dem Norden kommend, ließen sie sich an der mittleren und unteren Unstrut als Kolonisten nieder und wurden Teil des Thüringerreiches (Warnen östlich der Saale, sog. Warnenfeld). Leubingen liegt in dem nach den Angeln benannten Gau Engilin (urk. 772), der sich über Gorsleben und Heldrungen bis nach Memleben erstreckte. So lautet auch das schon erwähnte Stammesrecht der Thüringer in der vom Frankenkönig Karl dem Großen veranlassten Rechtsaufzeichnung vollständig »Lex Angliorum et Werinorum hoc est Thuringorum«.

Leben im und am Fluss, die Unstrut hinter Sömmerda

Die Wipper bei Kannawurf (unten rechts)

Ab Leubingen verläuft der Radweg zwischen Unstrut und Bahnstrecke Erfurt–Sangerhausen bis **Griefstedt**, wo drei Mündungsarme der Helbe (Sächsische H., Steingraben-Lache, Schwarzburgische H.) von Westen zufließen, deren durchkanalisierter Hauptarm, die Lache, »zum gefürchteten Hochwasserbringer der Unstrutaue um Griefstedt wird«[39]. Hier teilt sich auch die Unstrut in die erwähnten zwei Arme, die Unstrut und die Unstrut-Lossa. Das 786 beurkundete Griefstedt (*Griffestat*) war ein fränkisch bewachter Flussübergang, Fundort einer Gürtelschnalle mit wohl christlichem Bildmotiv, jedenfalls einer Greifen- oder Flügelpferddarstellung aus dem 7. Jahrhundert. In der Gabelung der Unstrut liegt **Riethgen**, das mit zur Deutsch-Ordens-Kommende Griefstedt gehörte, deren Herrenhaus und Kapelle 1948/49 für den Bau der Neubauernhöfe der Thomas-Müntzer-Siedlung abgerissen wurden.

Ausflugstour zur archäologischen **Fundstelle Bilzingsleben**: Von der Thomas-Müntzer-Siedlung oder aus Riethgen führt der (Rad-)»Weg in die Steinzeit« zunächst auf dem linken Unstrutufer, um dann nach Kindelbrück abzubiegen und stadtausgangs an der Karstquelle »Gründelsloch« vorbei zwischen Wirbelbach und Wipper die Fundstelle »Steinrinne Bilzingsleben« zu erreichen. Sie kann auch noch von Gorsleben her über Kannawurf und Kindelbrück angefahren werden. Der seit 1969 systematisch ergrabene Fundplatz in aufgelassenen Travertinsteinbrüchen zählt zu den wichtigsten altsteinzeitlichen Fundstellen in Mitteleuropa (Gedenkstein

und Ausstellung). Die Schädelfragmente der Gattung Homo konnten auf ein Alter von fast 400 000 Jahren datiert werden. Außergewöhnlich reiche Funde an Feuersteinartefakten, Werkzeuge aus Stein, Knochen, Geweih, Holz sowie Skelettreste von Großsäugern wiesen auf ein Basislager von Jägern, auf eine urmenschliche Siedlungsstätte mit zeltartigen Bauten und Feuernutzung hin, was ein umfassendes Lebensbild des Homo erectus bilzingslebenensis rekonstruieren ließ.[40]

Kirche St. Bonifatius und der »Tod von Gorsleben« über dem Friedhofstor mit dem angrenzenden »Schieferhof«

Vor Griefstedt gabelt sich der Radweg, der nach rechts zweigende Unstrut-Radweg entfernt sich von der Unstrut-Lossa zunächst entlang der Bahnstrecke auf der Landstraße nach **Büchel**, um dort dann auf das linke Ufer der Lossa zu wechseln, nach **Etzleben**. Es folgt **Gorsleben**, hinter dem sich beide Flussläufe wieder zur Unstrut vereinigen. Der 772 erstgenannte Ort (*Geurichesleiba*) hatte ein Zisterzienser-Nonnenkloster, von dem noch die spätgotische Kirche St. Bonifatius zeugt. Über dem Friedhofsportal befindet sich der »Tod von Gorsleben«, ein Relief von 1698 mit einer Sonnenuhr, deren Stunden Gevatter Tod mit der Sense anzeigt. In lateinischer Schrift steht »Denke daran, dass irgend eine Stunde die letzte für dich ist«, in Deutsch »Unsere Lebenszeit verfleucht, wie ein schneller Schatten weicht«. Der »Schieferhof« neben der Kirche ist ein stattlicher Renaissancebau mit massivem Untergeschoss und reich gegliedertem Fachwerk-Obergeschoss um 1620. In dem schlossähnlichen Gutshaus fand die Sammlung des 1819 in Bilzingsleben gegründeten »Vereins für Erforschung des vaterländischen Altertums in Kunst und Geschichte« erste Aufnahme, der sich mit dem gleichzeitig auf Burg Saaleck gegründeten »Verein zur Erforschung vaterländischer Geschichte und Altertümer« in Naumburg zu dem »Thüringisch-Sächsischen Altertumsverein« zusammenschloss.

Schloss Kannawurf, ein architektonisches Kleinod jenseits der Wipper

Bei Gorsleben kam es um 300 v. Chr. zur Gründung einer eisenzeitlichen Siedlung, die über zehn Generationen bis zur Zeitenwende Bestand hatte, wie Grabungen 2004/05 ergaben. Die Keramikfunde und Brandgrubenbestattungen wiesen auf die südostpolnische **Przeworsk-Kultur** und Zuwanderung ostgermanischer Bevölkerungsgruppen über das Mittelelbegebiet saale- und unstrutaufwärts ins Thüringer Becken hin.[41]

Ausgangs Gorsleben hält sich der Radweg auf dem rechten Unstrutufer und einer Unstrut-Flutmulde neben der Bahnlinie nach Heldrungen und der B 85, mehr Platz bleibt am Engpass der *porta Thuringica* nicht. Zuvor mündet die von Kindelbrück und Kannawurf zufließende **Wipper** beim Dorf Sachsenburg linksseitig in die Unstrut. Beider Rückstau vor der Verengung der Thüringer Pforte führte immer wieder zu Frühjahrsüberschwemmungen.[42]

Von der Gorslebener Unstrutbrücke zweigt ein Radweg nach **Kannawurf** an der Wipper ab, dessen wiedergewonnenes Renaissanceschloss mit Gärten den Besuch verdient. 1564 hat es Georg II. Vitzthum von Eckstedt erbauen lassen, eine von Zwerchhäusern gezierte Dreiflügelanlage anstelle einer mittelalterlichen Wasserburg. In Kannawurf wurde 1657 Goethes Großvater Friedrich Georg Göthe geboren, der als gelernter Tuchmacher sich nach Lyon in Frankfurt/M. als Schneidermeister niederließ; in Artern werden wir noch Goethes Urgroßvater begegnen. Von der Kannawurfer Wipperbrücke ist auch über Kindelbrück die Steinrinne von Bilzingsleben zu erreichen. Tagesausflüglern bietet sich die Möglichkeit, von Griefstedt aus über Gorsleben und Kannawurf zurück eine Radrundtour zu machen.

Der Ort **Sachsenburg** und die gleichnamigen Burgruinen auf dem Hang der Hainleite geraten schon von der Gorslebener Unstrutbrücke in den Blick. Ein Weg führt von da in die Ortslage Sachsenburg, vom Unstrut-Radweg ergibt sich die Abzweigung zu den Sachsenburgen erst durch eine zwölfbogige Straßenbrücke über die Aue und Unstrut. Dort wohnten unterhalb des »Wächterberges« in den sogenannten Rauhäusern die »Passmänner«, die hier »das einzige natürliche Thor, welches das Thüringer Centralbecken mit dem Norden verbindet«[43], den schmalen Durchlass des alten Heer- und Handelsweges, kontrollierten, Zoll- und Geleitsgeld für ihre Burgherren eintrieben.

Die untere der Sachsenburgen heißt Hakenburg, die obere ist die eigentliche Sachsenburg. Graf Siegfried von Anhalt ließ sie nach der Mitte des 13. Jahrhunderts zur Verstärkung der Hakenburg erbauen. Er hatte sich nach dem Tod Heinrich Raspes, des letzten Ludowinger Landgrafen, der Pfalzgrafschaft Sachsen und der unteren Sachsenburg bemächtigt. Beider Bergfriede sind erhalten sowie Reste des Palas in der Oberburg, einem weit älteren Platz. Schon im 7./8. Jahrhundert hat an diesem strategisch

Blick von der Hofringmauer der Unterburg auf Unstrut, Bogenbrücke und Höhenzug der Schmücke

Linke Seite:
Die Sachsenburgen am Hang der Hainleite vom Unstrutradweg gesehen

Unten links:
Palas der Oberburg (der Sachsenburg) und Bergfried der Unterburg (Hakenburg)

wichtigen Punkt zwischen dem Thüringischen und Sächsischen ein fränkischer Vorgängerbau gestanden, wofür Grabungsfunde vorliegen. Die zu Raubritternestern herabgesunkenen Burgen lebten zur Mitte des 16. Jahrhunderts nochmals auf. Die Oberburg wurde Besitz der Kannawurfer Familie von Bendeleben, die 1825 ausstirbt, die Burg aber schon im Dreißigjährigen Krieg verlassen hat. Ab 1890 war die Oberburg Gastwirtschaft, bis sie 1945 total ausbrannte. Die Unterburg wurde für das Amt Sachsenburg hergerichtet, das im 16. Jahrhundert aus ernestinischem in albertinischen Besitz und zurück wechselte, dann kursächsisch, 1815 preußisch wurde, 1825 dem Abriss verfiel. Es ist ein lohnenswerter Aufstieg aus der Ortslage, eine schöne Wanderung. Von der Hofringmauer der Hakenburg bieten sich Weitsichten auf die Thüringer Pforte und der Blick hinunter auf Unstrut und Bogenbrücke.

Folgt man aus Sachsenburg links der Unstrut dem straßenbegleitenden Radweg nach **Oldisleben** (1124 *Aldesleve*), über dem am Hang der Hainleite die Johanniskirche thront, ein Jugendstilbau um 1910, liegt zuvor ein weitläufiger Mühlenkomplex mit Wehr und Mühlgraben. Dort soll der Leipziger Männerchorleiter Carl Friedrich Zöllner, dessen Bruder im Ort Kantor war, 1844 das Volkslied »Das Wandern ist des Müllers Lust« vertont haben. Die über zwei Jahrhunderte in Familienbesitz befindliche Mühle ist technisches Denkmal und Energieerzeuger. Oldisleben ist auch über die Unstrutbrücke erreichbar, auf die der Unstrut-Radweg rechts vom Fluss und der vor der Mühle endenden Flutmulde zuhält. Das durch

Kunigunde von Orlamünde, verehelichte Gräfin von Beichlingen, 1089 gegründete Benediktinerkloster Oldisleben hat dem Ort zum Marktflecken verholfen, ist im Bauernkrieg 1525 weitgehend zerstört worden.

Die Oldislebener Mühle (linke Seite) und ihr Wehr

Der Radweg bleibt auf dem rechten Ufer und biegt nach dem Heldrunger Bahnhof rechts über die Schienen ab, am Naturschwimmbad vorbei und über eine Straßenbrücke hinein nach **Heldrungen**. Das Städtchen mit barocker Pfarrkirche St. Wigberti liegt am Fuß der Schmücke, die 2008 für die von Sangerhausen nach Erfurt führende A 71 getunnelt wurde; 2015 erfolgte die komplette Freigabe der jüngsten Autobahn bis Schweinfurt. Vom Helderbach, der das Tal zwischen der Schmücke und Hohen Schrecke durchfließt, führt *Heltrunga*, 874 als Reichsgut beurkundet, seinen Namen. Ältester und markantester Bau sind Schloss und Festungsanlage, die auf die Wasserburg der Edelherren von Heldrungen im 13. Jahrhundert zurückgehen. Graf Ernst II. von Mansfeld-Vorderort hat die von Mansfelder Grafen 1477 erworbene Herrschaft Heldrungen bei der Erbteilung 1501 erhalten und 1512–19 den bastionierten Kernbau, ein vierflügliges Renaissance-Schloss mit einbezogenem Bergfried, errichten lassen. Hierher hat er den in Frankenhausen am 15. Mai 1525 gefangen genommenen Bauern-

Pfingsten 2020: Die mächtige Festung Heldrungen mit ihrem weitläufigen Hofgelände lag verschlossen, auch die Wanderung um den Wassergraben brachte keine Nähe – Ansicht von Süden (rechte Seite, oben)

führer Thomas Müntzer verbracht und unter der Folter verhört. Der sozialrevolutionäre Theologe hat seinem Traum, dass »dye christenheyt solt gleych werden« (*Omnia sunt communica* – Alles gehört allen), nicht abgeschworen (Gedenkstätte, Denkmal von 1976 im Hof; Jugendherberge).

Nachdem die Festung Heldrungen im Dreißigjährigen Krieg nach 1645 geschleift wurde, ist sie zwei Jahrzehnte später unter Herzog August von Sachsen-Weißenfels nach französischer Festungstechnik (Vaubansches System) neu aufgebaut worden. Sie gilt heute als Musterbeispiel einer Regularfortifikation mit vier spitzwinkligen Erdwallbastionen und äußerem Wassergraben.

Die altlutherische Golgathakapelle am Festungsgelände wurde 1883 aus Bilzingslebener Muschelkalk errichtet, da die hiesige Kirchgemeinde die 1817 staatlich verordnete Union von lutherischer und reformierter Kirche in Preußen abgelehnt hatte.

Das zunächst mansfeldische, später kursächsische Amt Heldrungen kam durch den Wiener Friedensschluss von 1815 zum Regierungsbezirk Merseburg der neuen preußischen Provinz Sachsen. Im jahrhundertelangen Umfeld von Gemüse- und Zwiebel-

Golgathakapelle vor der Wasserburg Heldrungen

anbau auf fruchtbarem Unstrut-Schwemmland gelegen, bewahrte das 1530 mit Stadtrecht begabte Heldrungen seinen dörflichen Charakter.

Nordöstlich breitet sich im Riedgebiet zwischen Bad Frankenhausen (Esperstedter Rieth) und Artern (Das Ried) die Diamantene Aue aus. Große Überflutungen hat es hier gegeben, so im Sommer 1871 vom Bahnhof Heldrungen bis Memleben und in den Frühjahrshochwassern 1946/47. Im Frühjahr 1956 glich »das Tal zwischen Sachsenburg und Laucha über vier Wochen lang einem See von stellenweise 1–2 km Breite«.[44]

Der Unstrut-Radweg hält sich entlang dem überwachsenen Helderbach nach **Bretleben** (*Bretalaho*) und **Reinsdorf** (*Reginhardesdorf*), beide früh, zu Anfang des 9. Jahrhunderts im *Breviarium sancti Lulli* genannte Dörfer, vom Fluss getrennt durch die Bahnlinie Erfurt–Sangerhausen, von der bis 2006 die Strecke nach Frankenhausen–Sondershausen abzweigte. Vor Bretleben wird der Helderbach gequert, und hinauf geht es in die Ortslage. Ausgangs Bretleben führt der Radweg auf die Höhe, in der Ferne ist eine der Sangerhäuser Kupferhalden (»Pyramiden«) zu sehen. Vor Reinsdorf unterqueren Gleise und Radweg die neue A71, dann verläuft der Radweg entlang der Friedhofsmauer den Hügel hinauf in den Ort. Über Reinsdorf führte die auf diesem Streckenabschnitt bis Nebra stillgelegte Unstrutbahn von Artern nach Naumburg.

Hinter Reinsdorf geht es über die Gleise der Strecke Erfurt–Sangerhausen und danach wiederum unter der A71 hindurch, die dort auch den Flutkanal der Unstrut überbrückt. Er ist ausgangs Bretleben am Einlassbauwerk vom Fluss abgezweigt worden und

Unstrut-Flutkanal ausgangs Reinsdorf unter der Brücke der A71

St. Petri und Pauli zu Reinsdorf, klassizistische Saalkirche von 1824 mit spätromanischem Chorturm

mündet erst nach 20 Kilometern bei Memleben wieder in die Unstrut. Er gehört zu den technischen Schutzanlagen der 1850/60er Jahre am Unterlauf und hat den Gemeinden von Schönfeld bis Roßleben Entlastungen bei Hochwasser gebracht. Die Arbeiten folgten Plänen des 1857 vom preußischen König Friedrich Wilhelm IV. beauftragten Bauingenieurs Hermann Wurffbain, getragen von der »Societät zur Regulirung der unteren Unstrut« von Bretleben bis Nebra mit Sitz in Artern. Was durch Kleinstaaterei nicht gelang, war die Einbeziehung der linksseitigen Unstrutfluren von Oldisleben, Esperstedt und Ringleben.[45] Rund 100 Kilometer Deiche wurden neu errichtet, Entwässerungsgräben angelegt, Meliorationen zur landwirtschaftlichen Nutzung der Aue ausgeführt, die auch das »Sumpffieber« minderten. Zugleich sind so von Sach-

Schönfelder Unstrutbrücke, Übergang zum Kyffhäuser-Radweg

senburg bis Nebra ein Dutzend Durchstiche im mäandrierenden Lauf vorgenommen worden, die reizvolle Flusspartien beseitigten und die Fließgeschwindigkeit der Unstrut beträchtlich erhöhten.[46]

Der Radweg läuft nun als asphaltierte Erweiterung eines alten Betonplattenweges auf **Schönfeld** mit seiner hölzernen Unstrut-Brücke von 1995 zu. Sie hatte Vorgängerbrücken, und auch eine der wenigen Unstrutfähren ist für Schönfeld schon um 1520 erwähnt worden.[47.] Als 1882 die öffentlichen Fähranlagen im Regierungsbezirk Merseburg verzeichnet wurden, besaß die Unstrut keine mehr, die Elbe sieben, die Saale 29, die Mulde drei. Von der Schönfelder Brücke an, über die der Kyffhäuser-Radweg erreicht werden kann, führt der Unstrut-Radweg auf dem rechten Damm nach Artern, zuvor nochmals eine Brücke der A71 unterfahrend.

Das alte Unstrut-Freibad lag flussab vor dem Wehr, auch im Mühlgraben wurde gebadet. Der Fluss erreicht bei **Artern** seinen nördlichsten Punkt, das sogenannte Unstrutknie, und wendet sich dann – anders als in diluvialer Zeit, als er weiter nach Norden der Saale bei Salzmünde zufloss – wieder südöstlich ins Auslaugungsbecken zwischen Ziegelrodaer Plateau und Hoher Schrecke/ Finne auf Freyburg zu.[48] Am Unstrutaltarm und Aratorasee führt der Radweg vorbei, jenseits der Schleuse, danach folgt die Unstrutbrücke der Reinsdorfer Straße, über die es in die am Fuße des Weinbergs liegende Stadt Artern hineingeht oder weiter auf dem Unstrut-Radweg.

Blick ins einstige Arterner Unstrut-Freibad vorm Wehr und von der Unstrutbrücke zur großen Schleuse

Der Unstrut-Radweg benutzt den ehemaligen Kleinbahndamm, der von 1916 bis 1966 vom (Ost-)Bahnhof zum Westbahnhof und zur Strecke der Kyffhäuser-Kleinbahn nach Tilleda und Berga-Kelbra durch die Goldene Aue vermittelte. Wichtig wurde Artern in den 1868er Plänen einer »**Unstrutbahn**«. Es ging um eine »von Naumburg durch das Unstrutthal und die goldene Aue über Artern und Frankenhausen bis zum Anschluß an die Nordhausen-Erfurter Bahn bei Sondershausen zu erbauende Eisenbahn«,[49] die dann in den 1880er Jahren auch Gestalt annahm. Als die 56 Kilometer lange Strecke von Naumburg bis Artern mit 24 Brückenbauwerken, mit Bahnhofsbauten (Empfangsgebäuden) und Haltepunkten fertiggestellt war, erfolgte Anfang Oktober 1889 die Inbetriebnahme der Unstrutbahn, mit zunächst vier Reisezügen in jeder Richtung bei Fahrtzeiten von zweieinhalb bzw. drei Stunden. Der breiten Riedfläche zwischen den Höhenzügen der Finne und des Ziegelrodaer Forstes war damit ein gewichtiger Verkehrs- und Transportweg erschlossen worden. Und mit Blick auf die Unstrut hieß es im Einführungsvortrag 1868: »Die Unstrut, der bedeutendste Fluß der Goldenen Aue, ist zwar von Naumburg bis Artern schiffbar; ihr launenhafter Wasserstand macht sie indessen zu einer höchst unzureichenden Wasserstraße, deren Benutzung zwar wohlfeil, aber unsicher ist. Im Sommer fehlt es diesem Flusse an nöthigem Betriebswasser, im Winter verbieten dieses Gewerbe Hochwasser und Eis.«[50] Der Güterverkehr auf der Unstrutbahnstrecke endete 2001; Sonderzüge fahren zuweilen zwischen Artern und Wangen, regelmäßigen Personenverkehr gibt es zwischen Naumburg und Wangen mit dem Museum Arche Nebra.

Artern erstreckt sich unterhalb des Weinbergs, mit Jüngkens Aussichtsturm von 1863. Von da sind Hainleite und Kyffhäuserberg, Thüringer Pforte, Schmücke und Finne zu übersehen und Allstedt auszumachen. Nach dem Hallenser Siedlungsgeografen Schlüter zählt Artern »zu den allerältesten Niederlassungen im Unstrutthal«[51]. Es lag einst im Winkel dreier hier anstoßender thüringischer Gaue: des bei Leubingen genannten Engilin-Gaues südlich der Unstrut, des Nabelgaues nördlich der Unstrut und des sich östlich anschließenden Gaues Friesenfeld. *Aratora* (ahd. *artare* = Siedlung von Ackerbauern) wurde im Jahre 786 im Güterverzeichnis des Klosters Hersfeld aufgeführt, genauer gesagt, im *Breviarium sancti Lulli*, das den frühen Besitz des Klosters Hersfeld zur Zeit des Erzbischofs Lullus von Mainz (gest. 786 in Hersfeld) wiedergibt.

Nach vielfach wechselnder Herrschaft gelangte Artern am Ende des 15. Jahrhunderts an die Grafen von Mansfeld, deren eine Linie Artern zur zeitweiligen Residenz nahm; ab 1570 bildete Artern ein eigenes kursächsisches Amt, das 1815 der preußischen Provinz Sachsen eingegliedert wurde. Als Stadteinfahrt empfiehlt sich die Wasserstraße, die nach dem Mühlgraben rechterhand auf dem Salzdamm ins alte Dorf (Altstadt) mit der Veitskirche und Saline führt. St. Veit, eine Kreuzkirche mit Turm über der Vierung, ist Arterns ältestes Gebäude, ein spätromanischer Bau, seit 1970 Ruine, heute wiedergewonnen als Ausstellungs- und Konzertstätte.

Die im Unstrutbogen gelegene Saline geht auf den kurfürstlich-sächsischen Bergrat Johann Gottfried Borlach zurück, den König August der Starke beauftragt hatte, »das Churfürstentum Sachsen

Artern unterm Weinberg, einem östlichen Ausläufer des Kyffhäusergebirges, von der neuen Autobahn A71 gesehen

Die Solequelle im Parkfriedhof, mit der sich eine über zweihundertjährige Salinegeschichte der Stadt verbindet

Im alten Dorf, der Arterner Altstadt: ehemaliges Rittergut Oberer Hof und die spätromanische Veitskirche

seiner Solequellen zu entblößen«. Vor Bad Kösen und Bad Dürrenberg ist es Artern gewesen, wo Borlach bei einer 1477 erwähnten Solquelle 1728 eine Saline mit Gradierwerken aufführte, die bis 1964 betrieben, dann größtenteils abgerissen worden ist. Die Wirtschaftlichkeit der Salinen beruhte einst eigentlich nur »auf dem Reichsdekret über das Verbot des Importes von Salz und auf der Tatsache, dass die Salzsteuer der Schatulle des Landesherrn zugute kam. Ein wenigstens zeitweise profitabler Betrieb wie in Reichenhall, Halle oder Lüneburg war nicht gegeben und spätestens mit dem Beginn der bergmännischen Gewinnung von Steinsalz waren die Salinen bestenfalls noch Kureinrichtungen«.[52]

Aus dem Karstquelltopf eines 300 Meter tiefen Steinsalzlagers (Quellfassung im Parkfriedhof, Borlach- und Novalis-Wanderweg) sprudeln in der Minute 1,7 Kubikmeter Sole bei 2,25-prozentigem Salzgehalt; das ganzjährig 11,5 Grad warme Wasser wird noch für das Soleschwimmbad in der Saline genutzt. Am Solgraben liegt ein seit 1935 geschütztes Naturschutzgebiet mit einer dem Salz angepassten Pflanzenwelt und einer einzigen Fischart, dem dreistachligen Stichling. Das kleinste NSG Deutschlands gilt als die bedeutendste Binnensalzstelle in Mitteleuropa. Der Dichter Novalis (eigtl. Friedrich Leopold Freiherr von Hardenberg), Sohn des kursächsischen Salinedirektors Erasmus von Hardenberg, war

Rathaus am Arterner Markt und St. Marien, Turm um 1200 mit späterem Fachwerkobergeschoss

1799 in Artern als Salineassessor tätig, hat hier die Niederschrift des Romanfragments »Heinrich von Ofterdingen« begonnen und die »Blaue Blume« als Sehnsuchtssymbol romantischer Poesie geschaffen.

Die Wasserstraße führt zu Markt und Rathaus, einem neubarocken Bau von 1906, dessen Festsaal seit 1929 ein historisches Wandbild des Arterner Malers Otto Karl Engelhardt-Kyffhäuser schmückt; es zeigt den Bau der steinernen Kurfüstenbrücke über den Mühlgraben 1732. Sein Bruder Ewald Engelhardt ist mit dem 1911 gegründeten Heimatverein Aratora und grundlegenden Schriften zur Orts- und Heimatgeschichte namhaft geworden. Mit Goethe hat sich der Name der Stadt als Wirkungsort seines Urgroßvaters Hans Christian Göthe verbunden, der als Schmied und Ratsherr hier bis 1694 gelebt hat (Harzstraße 10, Gedenktafel), dessen Sohn als Schneidergeselle nach Fankfurt/Main gegangen ist.

Die seit der zweiten Hälfte des 19. Jahrhunderts beachtliche Industrie (Malzfabrik, Zuckerfabrik, Kyffhäuserhütte, Brauerei) ist der einstigen Kreisstadt nach 1990 verlorengegangen. Im Oberen Hof, dem Herrenhaus des alten Rittergutes in der Ritterstraße, einem Fachwerkbau des 17. Jahrhunderts, gibt es eine Ausstellung zur Kyffhäuserhütte als ehemaligem Hauptwerk der Stadt, einer 1881 gegründeten Maschinenbaufabrik (Molkereimaschinen).

Zum Wendelstein, zur Kaiserpfalz und Arche Nebra

Zurück aus der Stadt Artern auf den Unstrut-Radweg, der Stadt und Saline auf dem einstigen Kleinbahndamm umläuft. Nach Unterfahren zweier Eisenbahnbrücken hält sich der ausgebaute Weg dann auf dem rechten Uferdeich nach **Ritteburg-Kalbsrieth**. Die eng zusammenhängenden Dörfer erscheinen zum Jahre 932, als König Heinrich I. »hier in dem Flecken Riet (*locus Reot*), falls nicht das benachbarte Kalbsrieth diese Ehre für sich in Anspruch nehmen darf«, urkundete. »Eines der beiden Dörfer, schreibt Größler weiter, »ist auch sicherlich derjenige Ort Riade, bei welchem nach Widukinds von Corvey Bericht Heinrich I. 933 gegen die Ungarn sein Lager aufschlug und in dessen Nähe er seinen herrlichen Sieg über die Ungarn errang ...«[53]

Über diesen Ort »Riade«, bei dem die für das frühe deutsche Reich erste Entscheidungsschlacht gegen die ständig einfallenden Reiterscharen der Magyaren geschlagen wurde, ist viel gemutmaßt worden, aber die hiesige Unstrutniederung, dem Großen Ried von Oldisleben bis Memleben zugehörig, darf wohl dafür in Anspruch genommen werden. »Das ganze Rieth war ein großer Sumpf, und verdiente den Namen eines gefährlichen Wassers, einer Unstrut vollkommen. Das mussten 933 die Ungarn an sich erfahren ...«[54] Noch im 19./20. Jahrhundert war das Arterner Ried »im Frühjahr nach Tauwetter, im Sommer nach Regen eine ungeheure Wassermasse, aus der nur einige Bäume hervorragten«.[55] Der Wasserstein (Duplikat) an der Straße Ritteburg–Gehofen verzeichnet Höchststände für Juni 1871, Februar 1946 (über 2 m) und März 1947.

Mit der Schenkung einer Burg *Riede* (Flurname »Kartenburg«) ans Erzbistum Magdeburg im Jahre 1000 durch Kaiser Otto III. dürfte **Ritteburg** gemeint sein, auf das der Radweg an der Unstrutschleuse trifft (Schleusenwärterhaus erhalten, Gaststätte und Pension). Nach dortiger Informationstafel sind Wehr und Schleuse 1794 als letzte der zwölf Anlagen an der Unstrut fertiggestellt worden. Hier und bei Schönewerda, wie schon bei Oldisleben, wurden zum Hochwasserschutz zwei Polder angelegt, also Rückhalteflächen, die bei Flusshochwassern geflutet werden können. Auch unweit der Helme-Mündung gibt es zwischen Heygendorf und Mönchpfiffel-Nikolausrieth einen solchen Polder.

Unstrutwehr und Schleuse vor Ritteburg

Kirche Ritteburg mit spätromanischem Chorturm und barockem Langhaus

Durch einem Abstecher über die Ritteburger Unstrutbrücke ist das vierfach überbrückte **Kalbsrieth** zu erreichen, das durch die Helme und ihren Umfluter gänzlich umschlossen wird. Die aus dem Südharz die Goldene Aue über 80 Kilometer durchfließende Helme ist durch Walkenrieder Mönche und flämische Siedler im 12./13. Jahrhundert weithin kultiviert worden. Helme-Orte wie Martinsrieth, Riethnordhausen, Katharinenrieth bei Allstedt und die Kalbsrieth nächstgelegenen Auesiedlungen Nikolausrieth und Mönchpfiffel (Ende 9. Jh. im Hersfelder Zehntverzeichnis *Bablide* im Friesenfeld genannt, Zisterzienserklosterkapelle als Außenstelle von Walkenried) legen von ihrer frühen Arbeit Zeugnis ab. Gleichwohl war das Helmetal zwischen Kalbsrieth und Allstedt im Frühjahr oft überschwemmt, glich dann »einem breitwogenden See«[56]. Die Mündungsniederung der Helme bei Kalbsrieth-Ritteburg, wo zuvor bereits die Kleine Helme der Unstrut links zugeflossen ist, hat die Überschwemmungen des Arterner Rieds immer mitgeprägt.

Die Wasserburg von Ritteburg ist nicht lokalisiert und die von Kalbsrieth durch das Schloss derer von Kalb Ende des 17. Jahrhunderts überbaut worden. Seit dem 15. Jahrhundert befand sich Kalbsrieth im Besitz der namengebenden Familie, der der Weimarer Staatspräsident Carl Alexander von Kalb und die Schriftstellerin Charlotte von Kalb angehörten. Sie lernte Schiller kennen, zog Jean Paul und Friedrich Hölderlin nach Kalbsrieth und empfing Gäste aus der nahen Weimarer Sommerresidenz Allstedt,

Schloss Kalbsrieth, über Jahrhunderte Herrschaftssitz der Familie von Kalb

so Großherzog Karl August, Goethe, Martin Wieland und den Verleger Friedrich Justin Bertuch.[57] Im März 1782 schrieb Goethe an Charlotte von Stein von unterwegs nach Allstedt: »Die Unstrut ist ausgetreten, ich werde umreiten müssen, und Morgen Nacht wohl in Kalbsrieth beym würdigen Curius schlafen der auch Rüben brädt, aber nicht in der Asche.«[58]

1821 ersteigert den Besitz Ludwig Freiherr von Wolzogen, der es in der preußischen und russischen Armee zu höchsten Rängen brachte. Sein Bruder Wilhelm war mit der Schriftstellerin Karoline von Lengefeld verheiratet, der Schwester von Schillers Frau. Ein Enkel, der Erzähler Ernst Ludwig Freiherr von Wolzogen, gründete 1901 in Berlin das literarische Kabarett »Überbrettl«, eines der ersten in Deutschland. Gut, Herrenhaus und Park Kalbsrieth kaufte 1908 der Arterner Unternehmer und Bankier Hans Büchner; die gesamte Anlage ist seit 1998 wieder im Besitz von Nachkommen. Die Dorfkirche St. Johannis ist ein klassizistischer Bau.

Alternative Radroute entlang der **alten Unstrutbahn** (sonst weiter S. 85): Die wegen des Wassersteins erwähnte Straße aus Ritteburg nach **Gehofen** führt über den Unstrut-Flutkanal (Bretleben – Memleben) und den Mühlengraben ins 786 beurkundete *Hovun* (Zu den Höfen). Die drei Höfe (der Hackenhof der Familie von Hacke, der Trebraische Hof derer von Trebra und der Harrashof, auch Schloss oder blauer Hof genannt, aus dem Besitz derer von Kannawurf an die von Harras übergegangen) gelangten 1662 an die Freiherrn von Eberstein, die den neuen Hof daraus formten und dem Marktflecken Gehofen zu zwei Jahrmärkten verhalfen.[59]

Wetterwechsel am Flutkanal der Unstrut, hier zwischen Ritteburg und Gehofen und (rechte Seite, oben) zwischen Roßleben und Wiehe (Schöpfwerk IV)

Von Gehofen verläuft die von Reinsdorf kommende Straße an der stillgelegten Unstrutbahn entlang auf der Landstraße nach Nausitz und Donndorf. Das Schloss in **Nausitz** entstand 1696 im Rittergut und kam ein Jahrhundert später an die Familie von Römer, 1920 an die von Münchhausen (nach 1945 Alters-, Kinder-, Schulungsheim; heute Privatbesitz). Es folgt **Donndorf** (*Dundorf* 786 genannt), das seit dem 13. Jahrhundert berg- und waldaufwärts ein Zisterzienser-Nonnenkloster besaß: **Kloster Donndorf**, das sich auch vom Unstrut-Radweg her aus Schönewerda über den Flutgraben hinweg ansteuern lässt. Die Edlen von Werthern ha-

Schloss Nausitz, zuletzt bis 1945 Sitz der Familie von Münchhausen

ben das Kloster als Besitzer der Herrschaft nach Aussterben der Nonnen 1562 in eine Freischule umgewandelt, die der Klosterschule Roßleben als Vorbereitungsschule diente. Die Lateinschule (heute Ländliche Heimvolkshochschule Thüringen) besuchten unter anderen der 1795 in Wiehe geborene Historiker Leopold von Ranke und der aus Kölleda gebürtige Fritz Hofmann (Chemiker, Erfinder des Buna-Gummis). Der zerstörten Klosterkirche folgte 1754 ein barocker Neubau, dem sich die Gruft der Freiherrn von Werthern anfügt. Von Kloster Donndorf führt der Ranke-Wanderweg über Langenroda und Hechendorf (Gutshaus) am Ranke-

Hoch gelegen in weitläufiger Anlage: Kirche des Zisterzienserinnenklosters Donndorf, später Lateinschule, heute Ländliche Heimvolkshochschule Thüringen

Stadtaufgang zu Schloss Wiehe und dessen repräsentativem Nordflügel (unten)

Obelisk vorbei, den ihm seine Kinder gewidmet haben, nach Wiehe; die Ranke-Stadt ist auch vom Unstrut-Radweg her direkt von Roßleben aus auf der Landstraße über den Flutkanal hinweg erreichbar. Dem großen Sohn der Stadt wurde eine Büste auf dem Rathausplatz errichtet und im Rathauskeller ein Ranke-Museum eingerichtet; sein Geburtshaus findet sich in der nach ihm benannten Straße (Nr. 46). Nach Besuch der Klosterschule Pforta wirkte Ranke in Berlin an der dortigen Universität und Akademie, wurde einer der Gründungsväter der modernen Geschichtswissenschaft und 1841 von König Friedrich Wilhelm IV. zum Historiografen des Preußischen Staates ernannt.

Wiehe findet sich 786 als *Uuihe* im Güterverzeichnis des Mainzer Erzbischofs Lullus erstgenannt. König Otto III. schenkte die in der Landschaft *Uuigsezi* (Wigsezi-Gau zwischen Artern und Burgscheidungen, Untergau des Engilin-Gaues) liegende königliche Burgsiedlung 998 dem Kloster Memleben; der Weinbau im Wiehegau hat hierin erste Erwähnung gefunden. 1233–37 ließen sich die Grafen von Kevernburg (bei Arnstadt) nach Erwerb der Herrschaft Wiehe, nach der sie sich Grafen von Wiehe nannten, die Burg Rabenswalde ausgangs Garnbach in der Hohen Schrecke erbauen, nach der sie sich nun künftighin benannten. Im Thüringer Grafenkrieg 1342–46 wurde die Burg zerstört (Ruine im Buchenhochwald), die nach dem Aussterben der Rabenswalder an die Grafen von Orlamünde übergegangen war. Zur Grafschaft Wiehe zählten die Stadt und an die 20 Dörfer, die Burgen Rabenswalde und Memleben sowie die Klöster Memleben, Donndorf und Klosterhof Hechendorf. Die Herrschaft Wiehe gelangte 1461 an die Familie von Werthern, bei der das Schloss bis 1945 verblieb (Sanierung durch die Stadt begonnen). Der alte Friedhof um St.-Ursula (Neubau 1742–50, heute Radweg-Kirche) birgt

die Familien-Grabstätte derer von Werthern. Jüngste Attraktion der Stadt ist die 1997 eröffnete größte überdachte Modelleisenbahnanlage Europas an der Straße nach Allerstedt und Wohlmirstedt.

Stadtkirche St. Bartholomäi, spätgotischer Westturm mit Barockhaube

Obelisk für Leopold von Ranke

Nach diesen Abstechern geht es nun wieder auf dem Unstrut-Radweg weiter, der ausgangs Ritteburg zwischen der Unstrut und ihren großen Altarmen nach Schönewerda verläuft. Die »Ritteburger Null« wird einer der im 19. Jahrhundert abgeschnittenen großen Unstrutarme genannt. In den 1920er Jahren sind bei anstehenden Schleusensanierungen Flussverlegungen und Wasserbau- sowie Wartungsarbeiten um Schönewerda erfolgt, wovon Fotografien der Zeit Zeugnis ablegen: nahe der Schleuseninsel sind Mannschaften auf Hausbooten / Wohnschiffen zur Flussentschlammung unterwegs.[60] Am linken Ufer hat es in Kalbsriether Flur 1901 eine archäologische Ausgrabung des sogenannten Derfflinger Hügels (Huthügels) gegeben. Der Grabhügel ist mehrphasig genutzt worden, von 4200 v. Chr. bis in die Merowingerzeit (Bestattungsfunde im Museum für Ur- und Frühgeschichte Thüringens, Weimar).

Es ist ein angenehmes Radeln auf dem gesamten Deichweg bis nach Bottendorf und Roßleben, immer mit Blick auf den Fluss zur Linken und das weite Ried zur Rechten mit dem Flutkanal irgendwo in der Aue, dahinter die Dörfer Gehofen, Nausitz und Donndorf – über 15 Kilometer hin freien Blick auf das fließende Wasser, auf Enten und Schwanenfamilie, den unbeweglich in der Uferböschung stehenden Reiher, gelegentliche Freizeitboote und

Die Unstrut vom Deichradweg und (unten) vom Brückenübergang in Schönewerda gesehen

Rudersportler. Als nächster Ort am Deichweg folgt **Schönewerda**. Anders als der ältere Ortsteil Eßmannsdorf (*Hessimesdorf*) dürfte Schönewerda seinem Ortsnamen nach auf einer Unstrutinsel (Schöner Werder) von einwandernden Flamen im 12. Jahrhundert angelegt worden sein; unter denen von Hopfgarten (Gutshaus mit Park) wurde es ein Marktflecken.

Zwischen den Höhenzügen der Hohen Schrecke zur Rechten und des Ziegelrodaer Forstes zur Linken führt der Unstrut-Radweg weiter nach **Bottendorf**, dem das Kloster Donndorf jenseits des

Schönewerda erstreckt sich jenseits des Flusses

Flutkanals gegenüberliegt. Im Zehntverzeichnis des Klosters Hersfeld, einer Auflistung aller Orte und Burgen in den Gauen Friesenfeld und Hassegau, die der Reichsabtei Hersfeld den Kirchenzehnt zu entrichten hatten, taucht es als *Budilendorpf* auf. Zwischen zwei Unstrutarmen wird eine fränkische Wasserburg angenommen, die Altenburg, die zunächst auch Friedrich II., Pfalzgraf von Sachsen, genutzt hat, als die Pfalzgrafen ihre Stammburg Goseck 1041 in ein Benediktinerkloster und eine Familiengrablege umgewandelt hatten. Dieser Friedrich II. ließ sich auf der sieben Meter über der

Blick zur Mauritiuskirche in Bottendorf hoch über der Unstrut

Unstrut liegenden Terrasse (bei der heutigen Mauritiuskirche) die *Putelenburg* errichten, nach welcher sich seine Nachfolger Friedrich III. und Friedrich IV. Grafen von Putelendorf und Pfalzgrafen von Sachsen nannten. Nördlich vom Ort liegen die »Bottendorfer Höhen«, ein Naturschutzgebiet mit sogenannten Schwermetallanzeigern in der Flur wie der nur hier heimischen Grasnelke und der Kupferblume genannten Frühlingsmiere.

Von 1453 bis 1781 gab es am Galgenberg (207 m) Kupferschieferabbau, an der Unstrutbrücke die Kupferhütte (Bottendorfer Mühle), bis der Bergbau wegen Wassereinbrüchen aufgegeben werden musste. Die Zeit der Unstrutschiffbarmachung brach an und in die Kupferhütte zog ein »Navigations-Directorium« unter Friedrich Mende ein, den der Kurfürst Friedrich August III. »zur Landverbindung der sächsischen Flüsse unter sich« 1790 mit dem Projekt »Schiffbarmachung der Unstrut von Bretleben bei Artern bis nach Großjena« und den Arbeiten daran betraut hatte. Der an der Freiberger Bergakademie ausgebildete, volkstümlich »Maschinendirektor« genannte Mann war 1770 zum ersten Kunstmeister für sämtliche sächsische Bergreviere ernannt worden und wählte das mittig gelegene Bottendorf als »Navigations-Zentrale« für das Unstrut-Projekt. Zwischen Bretleben und Freyburg entstanden unter seiner Regie in den Jahren 1793/94 zwölf Schiffsschleusen (Kammern ca. 50 m lang und 5,5 m breit) an der Unstrut sowie zwei an der Saale bis Weißenfels. Etwa aller fünf Kilometer reihten sich an der Unstrut die Schiffsschleusen: Artern, Ritteburg, Schönewerda, Roßleben, Wendelstein, Nebra, Grabenmühle (Vitzenburg), Karsdorf, Tröbsdorf, Laucha, Zeddenbach, Freyburg.

Die Bottendorfer Kupferhütte wurde zur Werft für Lastkähne, deren erster am 3. Juli 1795 an der Arterner Saline anlegte. Salz, Rüben, Sandstein, Kohle kamen zum Transport auf dem Wasserweg, Leinwege halfen Lastkähnen stromauf, zunächst über Treidlerkraft, ab 1880 von Pferden gezogen, danach von Dampfschleppern. »Das Jahr 1872 sah die meisten Schiffe auf der Unstrut. Die Schleuse Nebra meldete 1500 Passagen, die Schleuse Grabenmühle sogar 2100.«[61] 1881 sei dann absolutes Rekordjahr der Unstrut-Güterschifffahrt mit 150 000 Tonnen gewesen. Als unter preußischer Regie weitere Saale-Schleusen bis Halle hinzukamen, waren ab 1823 Schiffsdurchfahrten von Artern bis Hamburg und Berlin möglich. Doch der Bau der bei Artern erwähnten Unstrutbahn vor Ende des 19. Jahrhunderts löste nach und nach die Schiffs-

Die Unstrut vor Roßleben mit den Turmspitzen von Klosterschule und Stadtkirche

transporte ab. Auch die ohnehin spärliche Fahrgastschifffahrt auf der Unstrut kam in den 1950er Jahren zum Erliegen.[62] 1967 wurde die Unstrut aus dem Verzeichnis der Wasserstraßen der DDR gänzlich gestrichen.

Bei Bottendorf hat es am Flutkanal in den 1920er Jahren einen Treffpunkt von Zigeunern aus ganz Deutschland gegeben. Ein Stelentorso des 1927 verstorbenen, hier beigesetzten Berliner Pferdehändlers Karl Laubinger, Zigeunerbaron genannt, erinnert auf dem Friedhof wieder an das in NS-Zeit zerstörte Grabmal.[63]

Der Unstrut-Radweg hält sich rechts am Fluss unter der Brücke der nur noch mit Sonderzügen befahrenen Unstrutbahn hindurch bis zur Straßenbrücke, die über die Unstrut und einen ihrer Altarme (ehem. Hauptlauf) nach **Roßleben** hineinführt. Im Zehntverzeichnis des Hersfelder Klosters wird *Rostenleba* im ausgehenden 9. Jahrhundert beurkundet. Graf Ludwig von Wippra und Gemahlin gründeten hier um 1140 ein Augustiner-Chorherren-Stift, das ein Jahrhundert später in ein Zisterzienserinnenkloster umgewandelt wird. Reformationszeitlich stiftete Heinrich von Witzleben vom nahen Wendelstein eine Knabenschule und beauftragte keinen Geringeren als Georg Fabricius, sie in dem Klosterkomplex einzurichten. Fabricius, von Kaiser Maximilian II. auf dem Reichstag zu Speyer 1570 zum Dichterfürsten (*poetus laureatus*) gekrönt, hatte bereits das Rektoramt der Fürstenschule St. Afra zu

Ehemaliger Eingang zur Klosterschule

Mächtiges Pfarrhaus in der Mühlstraße

Meißen inne, als er 1554 auch die hiesige Klosterschule eröffnen konnte. Nach einem Großbrand 1686 kam es erst 1740–42 zu einem Neubau, der heutigen dreigeschossigen barocken Dreiflügelanlage mit Mittelrisalit und Dachreiter, in den Jahren 1911–13 auch zu einer neuen Klosterkirche. Die nahe Kirche St. Andreas ist ein einschiffiger Barockbau um 1690 mit frühgotischem Chor. Das Pfarrhaus geht auf die Mitte des 16. Jahrhunderts zurück, auch Roter Hof genannt (Mühlstraße 8).

Innenhof der Klosterschule mit neuer Kirche

Stadtkirche St. Andreas in Roßleben

Als sich 1921 der Verein Alter Roßleber e.V. gründete, gab es im Internat (1919–23) einen adligen Schülerkreis, aus dem mit Peter Graf Yorck von Wartenburg, Ulrich-Wilhelm Graf Schwerin von Schwanenfeld und Nikolaus Christoph von Halem, später Egbert Hayessen, Widerständler gegen das NS-System erwuchsen. Wie Generalfeldmarschall Erwin von Witzleben aus der Stifterfamilie gehörten sie zu den Verschwörern des Hitler-Attentats vom 20. Juli 1944 und wurden in Berlin-Plötzensee und Brandenburg hingerichtet.[64] Heute befindet sich die Klosterschule Roßleben als Gymnasium mit integriertem Internat und Tagesinternat in freier Trägerschaft.

Nordöstlich vom Ort wurde bei reichen Vorkommen 1903 mit dem Abteufen des Kalischachts der Gewerkschaft Roßleben begonnen, nach 1990 ist das Kaliwerk geschlossen worden. 1999 erhielt Roßleben das Stadtrecht, 2019 schloss es sich mit Wiehe zur Stadt und Landgemeinde Roßleben-Wiehe zusammen.

Nach dem Stadtbesuch führt der Radweg über die Unstrutbrücke auf die Landstraße nach Wiehe und zweigt dort nach links ab in die Aue zwischen Unstrut und Flutgraben und zum **Wendelstein**, einer Burg-/Schlossruine auf schroffem Gipsfelsen, dem ersten Ort in Sachsen-Anhalt. Unterwegs wird die Landesgrenze überfahren, zurück bleiben das thüringische Roßleben und Wiehe. Die Altarme der Unstrut zählen als wertvolle Biotope, ebenso die 30 Meter hohen Gipssteilwände und der Trockenrasen

Burg/Schloss Wendelstein über der Unstrut mit Mühlgraben, Schleuse und Wehr, Blicke von unten und oben

auf dem Plateau zum Naturschutzgebiet Wendelstein, das an das Landschaftsschutzgebiet »Unstrut-Triasland« grenzt. Am Fuße des Felsens bilden Schleuse und Wehr, Mühle und alter Unstrutarm ein landschaftlich wie technisch eindrucksvolles Ensemble. Hier soll es das erste Schöpfwerk hinter den Unstrutdeichen gegeben haben, um nach Hochwasserwellen die Felder und Abzugsgräben wieder zügig in Unstrut und Flutgraben leerzupumpen.[65]

Auf dem markanten Felsrücken sind vorgeschichtliche Befestigungen anzunehmen, ohne dass nähere Nachweise vorliegen. Die Burg wird erst 1312 unter nachgelassenen Besitzungen der Grafen von Wiehe-Rabenswalde urkundlich, 1322 *Wendilsteyn* genannt. Nach der Volksüberlieferung soll dort oben, nahe bei seinem Sterbeort Memleben, »König Heinrich I., entzückt von der Aussicht, unter Anspielung auf die Namen der von ihm geschauten Orte ausgerufen haben: *Wie wohl mir steht allhier mein Leben,* wenn ich mich wend auf diesem Stein.« Ins Wortspiel der ersten Zeile einbezogen sind: *Wie(he), Wohl-mir-stedt, Aller-stedt, Mem-leben.*[66]

Nach dem Thüringer Grafenkrieg verloren Die von Orlamünde die ihnen zu Lehen gegebene Burg an Die von Witzleben, und es kam zu einem ersten Burgausbau im 14. Jahrhundert. Der im Bauernkrieg flüchtende Adel hat hier sicheren Schutz gefunden. Im 16. Jahrhundert vollzog sich ein festungsartiger Ausbau und Umbau zum Wohnschloss durch die bis zu Beginn des Dreißigjährigen Krieges glanzvoll residierende Familie von Witzleben.

Blick zur versperrten Niederburg des Wendelsteins

Die in Vorburg/Alte Burg, Nieder- und Oberburg geteilte, größtenteils desolate Anlage verjüngt sich in ihrer Bausubstanz aus Spätgotik und Renaissance von West nach Ost. Der (versperrten) Niederburg mit dem Felsenturm als Kernbastion, der Burgküche, zweistöckigen Schlosskapelle und einer Aussichtsplattform nach Süden folgen nach dem Kornhaus die Oberburg mit Mittlerem Schloss über der Flussseite und Neuem Schloss von 1596 im Osten sowie Nebraer Tor. Der östliche Teil des langen Südflügels geht auf die Herzöge von Sachsen-Weißenfels zurück, die den Bau als Jagdschloss nutzten. Sie bauten auch die unter von Witzleben begonnene Pferdezucht zu einem namhaften Gestüt aus, das im Mai 1813 ein jähes Ende fand, als Theodor Körner mit Lützower Jägern alle Pferde raubte. Wendelstein wurde nach 1815 preußische Domäne und die im Dreißigjährigen Krieg verwüstete Festung verfiel weiter. Seit 1979 mühte sich eine Interessengemeinschaft um Erhalt und Wiedergewinnung der ruinösen Schlossanlage.

Der Unstrut-Radweg nimmt die Auffahrt zur Burg Wendelstein über den langen Straßenbogen, doch eine akute Straßensperrung zwang zu einem schmalen Fußpfad (samt Rad) von der Amtsmühle aus nach oben. Dort bleibt der Unstrut-Radweg nach Verlassen des Ortes zunächst auf dem Plateau, lässt die bewachsenen Roßlebener Kalihalden zurück und knickt erst vor den Gleisen der alten Unstrutbahn nach Memleben hinunter. In den Blick geraten da schon der Ziegelrodaer Forst mit dem Naturschutzgebiet Steinklöbe und der Mittelberg als Fundort der Himmelsscheibe Nebra.

Mit **Memleben** wird seit dem Unstrutknie und Ried erstmals wieder ein rechts vom Fluss gelegener Ort erreicht. 786 wird er oder das linksseitige, wüstgefallene Klein- bzw. Wenigen-Memleben im *Breviarium Lulli* in einer Schenkung Karls des Großen für das Kloster Hersfeld als *Mimilebo* verzeichnet. Dessen Laienabt Herzog Otto der Erlauchte war der Vater des 919 zum ersten deutschen König gewählten Heinrich I., der den karolingischen Hof Memleben am Ostrand der Goldenen Aue zur Pfalz ausbaute. Wo der große Königshof gelegen hat, ist offen, nächstliegend sind das Klostergelände Memleben oder der Wendelstein oder die Altenburg in Wangen in Erwägung gezogen worden.

Der Radweg führt über die Unstrutbrücke in den Ort und sogleich ins Gelände der Klosterruine. Hinter den Flügelbauten der Klausur (ehem. Abtshaus im Westflügel, Mönchshaus im Südflügel, mit Ausstellungen) liegen die Ruine der Klosterkirche aus dem 13. Jahrhundert und der rekonstruierte Grundriss einer monumentalen Kirche aus dem 10. Jahrhundert frei. Mit 82 Meter Länge und 38 Meter Breite ist die zu Ehren der Mutter Gottes errichtete, nicht vollendete Marienkirche eine der größten Kirchenbauten des Heiligen Römischen Reiches dieser Zeit gewesen. König Heinrichs Sohn und Thronfolger Otto I. hat ihren Bau bei einem seiner vier Aufenthalte in Memleben in Auftrag gegeben. Memleben wurde eine der ottonischen Lieblingspfalzen,

Unstrut-Radwegweiser auf Memlebener Höhe: Wendelstein 1,9 km, Memleben 1,7 km, Arche Nebra 3 km, Fundort der Himmelsscheibe 4 km

Über die Unstrutbrücke in die Kaiserpfalz Memleben, hinten das sogenannte Kaisertor

Kloster Memleben. Blick von der Aussichtsplattform im Klostergelände auf den Grundriss der Monumentalkirche

Das Kaisertor, wohl die südliche Außenwand vom Querhaus dieses ersten Kirchenbaus, von der Dorfseite gesehen

936 ist Heinrich I. hier »an der Grenze der Thüringer und Sachsen«, wie der zeitgenössische Historiker und Bischof Liutprand von Cremona schreibt, verstorben, 37 Jahre später auch Otto I. Dessen Sohn und Thronfolger Otto II. hat zu ihrem Gedenken 979 bei der Marienkirche ein Benediktinerkloster gestiftet und überaus reich ausgestattet mit Schenkungen im slawischen Siedlungsgebiet an Mulde, Saale, Elbe, Havel. Otto III. begabte das Kloster mit Markt-, Münz- und Zollrecht sowie dem Königsgut Wiehe. Doch noch unter dem letzten ottonisch-liudolfingischen

Die Mittelarkaden der Klosterkirche aus dem 13. Jahrhundert, von der die Chorkrypta original erhalten ist

Kaiser Heinrich II. verlor es 1015 seine Sonderstellung als Reichskloster und wurde der Propstei des Klosters Hersfeld unterstellt; mit Konrad II. aus salischem Hause urkundete 1033 letztmalig ein römisch-deutscher König in Memleben.

Der schwindenden Bedeutung der Pfalz Memleben entsprach der kleinere spätromanische Klosterkirchenbau vom Anfang des 13. Jahrhunderts aus Nebraer Sandstein und Rochlitzer Porphyrtuff; ältester und einzig original erhaltener Teil ist die dreischiffige Chorkrypta mit ihren Säulen und Kapitellen. Nach der Reformation übereignete Kurfürst Moritz von Sachsen das von Memlebener Bauern gestürmte Klostergut der Landesschule zur Pforte. Das 1945 gebildete Volksgut, eines der größten Saatzuchtgüter in der DDR, ist pfleglich mit der Altsubstanz umgegangen (heute Friesengestüt im Gutsbereich; nahe gelegener Erlebnistierpark). Ende 2009 schloss sich Memleben mit Wendelstein, Allerstedt, Wohlmirstedt, Bucha zur Gemeinde Kaiserpfalz zusammen. Die Dorfkirche St. Martin ist ein gotischer Bruchsteinbau mit massiven Strebepfeilern und wehrhaftem Westturm (Dachreiter, Uhren-Gaube), hatte wohl einen sehr frühen Vorgängerbau, wie auch das Martinspatrozinium nahelegt.

Über die Unstrutbrücke zurück, verläuft der Radweg wieder auf dem linken Ufer mit Blickkontakt zum Fluss im Wangener Grund auf das Engtal an der Steinklöbe zu, die hier die Berge »spaltet« (ahd. *clobo*, 1182 als Steinbruch erwähnt). Die in Rottönen leuchtenden Buntsandsteinhänge von **Kleinwangen** bergen

Am westlichen Ausgang von Memleben liegt die Martinskirche, unweit davon läuft der bei Bretleben abgezweigte Flutkanal (vorn) wieder in die Unstrut.

Buntsandsteinhänge von Kleinwangen über der Unstrut

Rechte Seite:

Die Arche Nebra, Ausstellung zur Himmelsscheibe von Nebra, mit Zubringerverkehr zum Fundort Mittelberg

Endstation Wangen. Die Unstrutbahn unterhält Personenverkehr im Stundentakt zwischen Naumburg und Wangen.

ein Naturschutzgebiet mit wärmeliebenden Pflanzengemeinschaften und auf der Flussterrasse liegen vorgeschichtliche Wallanlagen / Schanzen, deren größte die Altenburg ist (17 ha), eine Fluchtburg über dem rechten Unstrutufer vor **Großwangen**. Bei den Ronnebergen nördlich Kleinwangen soll sich im Jahre 641 der Thüringer Herzog Radulf, im Versuch, die fränkische Oberhoheit abzuschütteln, gegen den heranziehenden Frankenkönig Sigibert III. verschanzt und bei einem Ausfall gesiegt haben, was die fränkische Herrschaft in Thüringen zurückgedrängt hat.

Der Kleinwangener Weg An der Steinklöbe führt zur Arche Nebra, einem der goldenen Sonnenbarke auf der Himmelsscheibe nachempfundenen Bau. Im Jahre 2007 ist er über der Unstrut und unweit der Fundstelle auf dem Mittelberg (Aussichtsturm, »Himmelsauge markiert Fundort der Scheibe«), wo Raubgräber 1999 den archäologischen Jahrhundertfund gemacht haben, eröffnet worden. Der Mittelberg steht im Zusammenhang mit Kyffhäuser und Brocken, nicht nur sichtmaßig, sondern auch insofern, als zum Zeitpunkt der Sommersonnenwende hinter dem Kyffhäuser (1. Mai) und dem Brocken (21. Juni) die Sonne untergeht. Das multimediale Besucherzentrum bietet Archäologie und Astronomie vor 3600 Jahren.

Unstrutbrücke und Burgberg Nebra tauchen auf

Zwischen Bahnstrecke und Fluss geht es angesichts angekratzter Berghänge, wo jahrhundertelang Buntsandstein abgebaut wurde, nach **Nebra** über den Fluss – ob zum Besuch der auf dem Höhenrücken liegenden Stadt oder zur Weiterfahrt in der Aue entscheiden die Radwanderer. Bahnhof- und Poststraße führen hoch in die Stadt. *Neveri* ist 876 als dem Kloster Fulda gehörig genannt worden. Die zu 1207 beurkundete Unstrutbrücke, die ehedem nördlicher bei der Grabenmühle (urk. 1203) gelegen hat, ermög-

Ruine des Wohnschlosses Nebra aus dem 16. Jahrhundert

lichte den Übergang der Nebra durchlaufenden Franken-, später Kupfer-/Weinstraße. Im Gelände der 1207 mitgenannten Alten Burg im großen Unstrutbogen sind in einem jungpaläolithischen Jägerlager (ca. 11 000 v. Chr.) drei kleine, etwa sieben Zentimeter lange aus Rengeweih bzw. Elfenbein geschnitzte Venusstatuetten geborgen worden.

Im 14. Jahrhundert muss es zu einer Siedlungsverlegung nach Süden zu der heutigen Hanglage der Stadt gekommen sein. Von dem durch die Familie von Nißmitz zur Mitte des 16. Jahrhunderts erbauten Wohnschloss in der Oberstadt sind nur ein spätromanischer Wohnturm und die Kapelle in Resten erhalten geblieben. Benachbart wurde 1874 das Neue Schloss derer von Helldorf im Neorenaissancestil errichtet (heute Schlosshotel Nebra). Am Markt erhebt sich die spätgotische Stadtkirche St. Georg mit dem Namenspatron und Drachentöter im Bogenfeld des Westportals und Grabdenkmälern derer von Nißmitz. An der Marktecke zur Breiten Straße 28 sind das Heimatmuseum (u. a. zur Bronzezeit und Himmelsscheibe und zum Leben Hedwig Courths-Mahlers) und das Courths-Mahler-Archiv untergebracht. 1867 ist die Unterhaltungsschriftstellerin hier geboren worden (Laternengasse 1), deren zwischen 1905 und 1948 geschriebenen über 200 zumeist trivialen Romane ein Millionenpublikum erreichten (130 Mio. in 18 Ländern). Am Brunnen der »Pfütze« in der Breiten Straße steht eine junge barbusige Frau (Gänseliesel) als Stadtsymbol für die lange Zeit das Wasser bergan tragenden »Buttenweiber«. Die

Schloss Nebra im Neorenaissancestil

Figurengruppe gehört schon zur Unterstadt wie auch die Pfarrtorpforte und das ehemalige Schwerdtsche Haus in der Breiten Straße 16; dessen zweigeschossige Hofarkaden aus Buntsandstein sind ein Juwel Deutscher Renaissance im Unstruttal.

Die Schiffbarmachung der Unstrut hat in Nebra zu Schiffbau in mehreren Werften geführt, die wie die Sandsteinbrüche dem Ackerbürgerstädtchen wirtschaftlichen Aufschwung brachten. Es gab eine Schifferinnung in der Stadt, deren Mitglieder/Eigner zum Jahr 1866 ein Drittel der rund 60 Unstrutkähne besaßen.

Wer diesen Stadtgang durch Nebra unternommen hat, gelangt über die Breite Straße und den Grabenmühlenweg abwärts schnell wieder auf den Unstrut-Radweg zurück. Der verläuft nämlich bald nach der Brücke am Fuße der Stadt auf den Straßen An der Altenburg und An der Unstrut in den großen Flussbogen.

Hofarkaden des Schwerdtschen Hauses in Nebra

Westportal der Stadtkirche St. Georg

Gänseliesel / Buttenweib an der »Pfütze«

Blick zur Vitzenburg über dem jenseitigen Ufer der Unstrut

Nach Freyburg, zur Mündung in die Saale

Am Unstrutbogen liegt der einstigen Altenburg auf dem anderen Ufer **Zingst** (ehemals Rittergut mit Arbeitersiedlung Kleinzingst) gegenüber. Darüber thront auf dem Sporn der auslaufenden Ronneberge Schloss **Vitzenburg**, ein zweiflügliger Renaissancebau mit Treppenturm (Nordflügel barock erweitert, im 19. Jh. verändert, über Toreinfahrt Doppelwappen der Familien Schulenburg-Heßler und Senfft von Pilsach). Die Burg diente einst der Überwachung der vormaligen Unstrutbrücke. Das 991 in der Vitzenburg (*Uitzanburch* im Friesenfeld) gegründete Nonnenkloster wurde durch Graf Wiprecht von Groitzsch und Bischof Otto von Bamberg (aus Wassermangel?) aufgelöst und als Benediktinerkloster um 1121/24 ins nahe **Reinsdorf** (*Reginheresdorf*) verlegt. Dorthin führt der Radweg über die 1994 gebaute Fußgängerbrücke auf das linke Unstrutufer, wo er auf die Klosterkirche trifft; erhalten hat sich vom romanischen Bau ein Bogenfeld des ehedem rundbogigen Portals, das die Halbfigur der Maria mit dem Jesuskind zwischen einem knienden Bischof mit Kirchenmodell und dem Erzengel Gabriel zeigt (jetzt im Eingangsbereich der Kirche). Nach Auflösung des von den Bauern »gepochten«, also geplünderten Klosters bildeten sich 1540 drei, seit 1750 vereinigte Rittergüter, die den Grafen von Schulenburg-Heßler auf Vitzenburg bis 1945 gehörten.

Fußgängerbrücke zur Reinsdorfer Kirche

Saale-Elster-Talbrücke mit Osterbergtunnel bei Karsdorf, die zweitlängste Eisenbahnbrücke in Deutschland

Am Weingut Bobbe vorbei verläuft der ausgebaute Radweg aus Reinsdorf hinunter in die Aue, linksseitig der Unstrut mit Blick auf die Weinlagen der Steigraer Hahnenberge nach **Karsdorf**. Zuvor überbrückt die neue ICE-Strecke Erfurt–Leipzig/Halle in bis zu 49 Meter Höhe auf 41 Pfeilern das Dissautal und die Unstrut, den Radweg, zwei Landstraßen, die Unstrutbahn und Wirtschaftswege. Mit einer Länge von 2668 Metern ist die Eisenbahnbrücke nach der Saale-Elster-Talbrücke die zweitlängste in Deutschland, 2015 samt Osterbergtunnel dem Verkehr übergeben. Bei Karsdorf liegt der Westeingang des über 2082 Meter langen Bahntunnels mit zwei eingleisigen Röhren, vom Unstrut-Radweg gut einzusehen, der entlang zahlreicher Schilfgürtel das Brückenbauwerk unterfährt. Über dem zu 1109 bezeugten *Karlestorph* und seiner Unstrutfurt lag eine der Schutzburgen auf der Hohen Gräte, dem heutigen Rebhang.

Reiche Vorkommen von Kalkstein und Tonmineralen führten 1927 zur Eröffnung eines Zementwerkes am Bahnhof, zum Ausbau nach Osten hin und zur Industriesiedlung Karsdorf. In den 1980er Jahren deckte die hiesige Zementproduktion ein Drittel des DDR-Bedarfs, nach 1990 vollzog sich ihr weitere Modernisierung. Heute beginnen ausgangs Karsdorf rebentragende Hänge die Unstrut bis zur Mündung zu begleiten. Das hier von nördlichen Winden abgeschirmte Tal im Unterlauf des Flusses ist eine Wärmeinsel.

Verschlossen lagen Schloss Burgscheidungen und der Terrassengarten

Wappen der Familie von Schulenburg über dem Zugangstor

Bis Laucha bleibt der Unstrut-Radweg auf dem linken Ufer. Hinter Karsdorf geht es dann mit Blick auf Zementwerkkomplex, Bahnlinie und abgestorbene Birken auf einen weiteren Unstrutbogen zu, den von **Burgscheidungen**. Jenseits vom Fluss führt die Weinstraße Saale-Unstrut von Nebra nach Tröbsdorf. Der mächtige Burgberg liegt über dem Mühlgraben und beherrscht das Unstruttal, was bei Einfahrt auf dem Radweg in die Ortslage (Kastanienallee) nicht erkennbar wird. Hier endet alles am Zugang zur mittelalterlichen Burg, dem spätgotischen Torhaus mit dem barocken Schulenburgschen Wappen über der Toreinfahrt. Es ist eine geschlossene Vierflügelanlage aus dem 15./16. Jahrhundert, die 1722 der im Dienst des Königs von Sizilien stehende Generalfeldzeugmeister Baron Levin Friedrich von der Schulenburg erworben hat, dazu zwei Drittel des Guts Kirchscheidungen. Er beauftragte den sächsischen Landbaumeister David Schatz mit dem barocken Umbau, wovon der Nord- und Ostflügel weithin ins Unstruttal künden. Insbesondere der repräsentative Nordflügel mit Mittelrisalit (Festsaal im Obergeschoss) und Gartensaal, aus dem eine halbrunde, zweiarmige Freitreppe auf die oberste Gartenterrasse des Terrassengartens am Unstruthang und zum unteren Lustgarten führt, ist landschaftsbeherrschend.[67] Hier verbrachte der Leipziger Kreissteuereinnehmer Christian Felix Weiße, Singspieldichter und Jugendschriftsteller, die Jahre 1760/61 als Gesellschafter derer von Schulenburg.

Die Garten- und Schauseite von Schloss Burgscheidungen, aufgenommen 2009

Im Osten liegt auf halber Höhe des Schlossberges die Kirche im Bereich der ehemaligen Vorburg. Auch den im Kern romanischen Kirchenbau hat David Schatz für den Kirchenpatron von der Schulenburg umbauen lassen, mit Patronatsloge und Erbbegräbnis.

Ort und Burg fanden im Hersfelder Zehntverzeichnis Ende des 9. Jahrhunderts Erwähnung als *Scidinge* und *Scidingeburg* im Gau Friesenfeld. 1043 hat Kaiser Heinrich III. seiner Frau Agnes von Poitou die Burg als Morgengabe geschenkt. Sie schenkte sie dem Bistum Bamberg, das Oberlehnsherr hiesiger namhafter Geschlechter wie der Grafen von Wiehe, von Hoym, von Flemming und von der Schulenburg blieb, die hier bis 1945 saßen. 1955 bis 1990 befand sich die zentrale Schulungsstätte der Ost-CDU im Schloss (heute Privatbesitz). Grabungen in den 1960er Jahren auf dem Burgbergplateau haben keine Bestätigung für den Zeithorizont des Thüringerreiches erbracht. Das in der Iringsage des

sächsischen Geschichtsschreibers Widukind von Corvey (10. Jh., »Sachsengeschichte« in 3 Büchern) genannte *Scithingi* hatte man bis dahin für Burgscheidungen genommen, als Sitz des Thüringer Königs Herminafrid und Schlachtort gegen die merowingischen Könige im Jahr 531. Bei der Tretenburg nahe Gebesee wurde das schon erörtert.

Schleuse und Unstrutwehr Tröbsdorf mit Blick auf Schloss Burgscheidungen

Der gerühmte Blick auf den Nordflügel und Terrassenhang von Schloss Burgscheidungen bietet sich von Schleuse und Unstrutwehr **Tröbsdorf** aus, wozu das Dorf anzusteuern und einem Stück Straße nach Wennungen zu folgen ist. Dieser Abzweig vom Unstrut-Radweg erfolgt in der Ortslage Burgscheidungen die Schloßbergstraße hinunter zum Mühlgraben und zur Unstrut, die beide nach Tröbsdorf hin überbrückt werden, das vom einmündenden Biberbach durchflossen wird.

Von der Unstrut-Schleuse nach Tröbsdorf zurück, führt Interessierte die Landstraße rechts vom Fluss nach **Kirchscheidungen**. »Während Burgscheidungen nach dem Untergang des Thüringer Reiches 531 zum sächsischen Nordthüringen gehörte, im südlichen Hosgau (Hassegau; eigtl. hier Friesenfeld – d. Verf.) lag und dem Hochstift Halberstadt unterstand, bildete Kirchscheidungen die östlichste Mark des fränkischen Südthüringens. Es lag im Gau Engilin und gehörte zum Erzbistum Mainz.«[68] Wie Burgscheidungen wurde der Ort *Scidinge* genannt, findet sich aber schon ein Jahrhundert früher im *Breviarium sancti Lulli* verzeichnet. Vom Rittergut derer von der Schulenburg blieb ein barockes dreigeschossiges Herrenhaus erhalten (heute Weinbaubetrieb), die spätromanische Kirche birgt Epitaphe der frühen Gutsbesitzer von Rockhausen. 1793 wurde im Ort Bernhard Thiersch geboren, der Dichter des Preußenliedes »Ich bin ein Preuße, kennt ihr meine Farben?« (Thiersch-Denkmal).

Gutshaus in Kirchscheidungen und Kirchenraum Dorndorf

Aus Burgscheidungen geht es auf dem Weinbergsweg (Weinlagen Veitsgrube und Dorndorfer Rappental) und linken Unstrutufer im Bogen unterhalb der Gleinaer und Dorndorfer Berge mit ihren Trockenrasenhängen und Weinbergen entlang nach **Dorndorf**. Die hölzerne Muldendecke und Hufeisenempore der mittelalterlichen Chorturmkirche des Ortes sind einheitlich barock ausgemalt worden. Auf dem Lauchaer Hang, als »Mitteldeutsche Rhön« für Segelflugübungen entdeckt, thront seit den 1930er Jahren ein Fliegerhorst, heute Luftsportzentrum Laucha.

Laucha wird an der Unstrutbrücke erreicht, wo sich die Mühleninsel mit Mühle, Schleuse und Wehr ausbreitet, ein technischer Denkmalkomplex. Der 1124 genannte, den Grafen von

Unstrut-Radweg am Glockenseck

Rabenswalde gehörige, 1344 mit Stadtrecht begabte Ort ist ein Glockengießerstädtchen. 1732 richtete der aus Hessen zugewanderte Johann Georg Hirsch eine Glockengießerwerkstatt hinter der spätgotischen Stadtkirche ein, und über seine hier und in Apolda tätigen Söhne hielt sich diese Tradition bis 1911. In einem original erhaltenen Gießereiraum hat die Stadt 1932 ein fortwirkendes Glockenmuseum begründet. Innerhalb ihrer noch weitgehend intakten Stadtmauer finden sich das spatgotische Obertor, die spätgotische Pfarrkirche St. Marien, das Renaissancerathaus mit doppelläufiger Treppe ins Obergeschoss von 1563 (im Erdgeschoss Museum zur Unstrutbahn) sowie Sitznischenportale an Bürgerhäusern und figürliche Grabsteine auf dem Stadtfriedhof.

Laucha mit Blick über Spielplatz (Glocke) zu Kirche und Rathaus

Spätgotisches Obertor

Mühleninsel in Laucha mit Wehr, Fischtreppe und Schleuse

Auf der letzten Strecke von Laucha nach Freyburg wechselt der Unstrut-Radweg in **Weischütz** wieder auf das linke Ufer. 1268 als *Wischicz* beurkundet, ist es wie die folgenden Zscheiplitz und Nißmitz dem Ortsnamen nach sorbische Gründung. Das Sackgassendorf hat eine romanische Kirche am Ortsrand und ein Herrenhaus des seit dem 15. Jahrhundert bezeugten Rittergutes derer von Thüna, nach deren Aussterben das Gut auf die von Nißmitz zu Nebra überging. Nach der Talweitung zwischen Nebra und Laucha geht es in das enge Freyburger Unstruttal.

Zscheiplitz thront hoch über dem Fluss wie die im Blickfeld liegende Neuenburg. Von den bei Bottendorf erwähnten Pfalzgrafen von Sachsen, die Burg Goseck verlassen hatten, residierte hier in der Weißenburg Pfalzgraf Friedrich III. von Sachsen bis zu seiner Ermordung 1085; damals wurde *Sciplice* ersterwähnt. Die Sage bringt des Pfalzgrafen Gemahlin Adelheid und Ludwig den Springer (Graf von Schauenburg, Graf in Thüringen), die in der Weißenburg 1089 ein Benediktinerinnenkloster gründeten, mit dieser Tat in Verbindung. Von dem säkularisierten Gut hat sich die spätromanische einschiffige Klosterkirche erhalten (dazu ehem. Mauerturm der Weißenburg und Sitznischenportal), dank auch der 1985 entstandenen Interessengemeinschaft Klosterkirche Zscheiplitz. Seit 1994 gibt es einen Natur- und Geschichtslehrpfad, u.a. zu einem Steinbruch des Schafberges (mit Resten eines Kalkbrennofens).

Ehemalige Herrenhäuser in Weischütz und Balgstädt

Am Einlauf des Hasselbaches in die Unstrut liegt **Balgstädt**, 786 *Balgestat* und schon 976 als ein Weinbauort genannt. Bei der die Unstrutfurt querenden Frankenstraße hat es einen fränkischen Königshof gegeben, wo deutsche Könige im 10./11. Jahrhundert urkundeten. Einer Wasserburg anstelle des Königshofes folgte um 1650 ein schlossartiges Herrenhaus der Familie von Heßler. Frühen Aufschwung erfuhr der Ort durch die seit dem 13. Jahrhundert betriebenen Steinbrüche auf dem Rödel, von dem tief ausgefahrene

Zscheiplitz, Burgruinen und Klosterkirche hoch über dem Unstruttal

Hohlwege zur Unstrut hinabführen, wo Lastkähne den Schaumkalk weiter beförderten, etwa zum Bau der Freyburger und Naumburger Stadtkirche. Die von der Rödelhochfläche zum Hasselbach und zur Unstrut abfallenden Hänge gehören zu den sogenannten Toten Tälern (NSG auf Muschelkalkfläche) südöstlich von Balgstädt mit ihren bis zu 20 Orchideenarten, dabei Knabenkraut, Ragwurz und Frauenschuh. Das Rödel-Plateau wird ganzjährig von Koniks beweidet, einer Ponyrasse aus dem mittel- und osteuropäischen Raum.

Der Unstrut-Radweg bleibt auch auf dem letzten Stück nach Freyburg auf dem linken Ufer und führt zur **Zeddenbachmühle/-schleuse**. Ungeachtet ihres ruinösen Umfeldes ist sie der einzige erhaltene Mühlenkomplex an der Unstrut mit Schleuse, Wehr, Wohnhaus der Mühle (1575) und Mühlengebäude (Klinkerbau

Blick von der Brücke der Zeddenbachmühle / -schleuse

Das Rödel-Plateau oberhalb von Balgstädt mit dem NSG »Tote Täler«, ganzjährig von Koniks beweidet

Rechte Seite: Blick vom Rödel auf die Weinstadt Freyburg und die Neuenburg

Freyburger Unstrut-Schleuse

1866). Auf Brücken bei der Zeddenbachmühle und bei Freyburg sowie hergerichteten Notbrücken überschritten am 21. Oktober 1813 die von der Völkerschlacht bei Leipzig rückflutenden, noch über 100 000 Mann starken Truppen Napoleons mit Geschützen, Wagen und Pferden, gedeckt durch französische Kanonen auf den Schweigenbergen und bei Zscheiplitz, die Unstrut.

Unter den unstrutseitigen Terrassenweinbergen der kalkreichen Schweigenberge geht es ins Winzerstädtchen **Freyburg** hinein. Die wohl bekannteste Unstrutstadt liegt zwischen den flachen Ostabhängen der Schweigenberge und den Steilhängen des Muschelkalkplateaus, auf dem sich die Neuenburg erhebt. Das Straßennetz des mittelalterlichen Stadtkerns ist auf den Unstrutübergang des

Freyburg.
Stadtkirche St. Marien

Ausflugsschiff an der Freyburger Unstrutschleuse, aufgenommen 2003

vom Maintal durch Thüringen nach Sachsen verlaufenden Handelsweges ausgerichtet. Die Namensform Freyburg, 1203 *Vriburc* genannt, meint ähnlich Freiberg in Sachsen eine mit Freiheiten ausgestattete Stadt im Schutz der landgräflichen Neuenburg. Vermutlich unter Landgraf Ludwig II. um 1170 angelegt, war sie eine ludowingische Gegengründung zur Bischofsstadt Naumburg. Noch weitgehend erhalten ist die Stadtummauerung aus dem 14./15. Jahrhundert, mit zwölf vorspringenden Rundtürmen und dem Eckstädter Tor. Das dreigeschossige, im Kern spätgotische Rathaus am Markt ist nach Brand 1682 vereinfacht wieder aufgebaut worden. Als bedeutendstes Baudenkmal aber erweist sich die Stadtkirche St. Marien, eine dreischiffige spätgotische Hallenkirche, im Kern ein spätromanischer Bau, der mit seiner Doppelturmfront im Westen an die Osttürme des Naumburger Doms erinnert. Die Kirche birgt ein spätromanisches Tympanon in der Westvorhalle (Maria mit Engeln) und einen spätgotischen Flügelaltar von 1499 mit der Marienkrönung im Schrein.

Weingüter und Straußwirtschaften prägen Ruf und Leben des Unstrutstädtchens. Mehr als 400 Weinbauern gehören der 1934 gegründeten Winzervereinigung Freyburg an (Querfurter Straße 10), wo Weingalerie, Verkostungen, Kellerführungen geboten werden. Müller-Thurgau, Weißburgunder, Silvaner, Riesling, Bacchus sind die meistangebauten Weißweinreben, unter den roten

Rathaus Freyburg

sind es Portugieser, Dornfelder und Spätburgunder. Ein kulturhistorisches Kleinod ist der ehemalige Herzogliche Weinberg, der auf sieben Terrassen bewirtschaftet wird und als Schauweinberg für Steillagen-Anbau Besuchern offen steht; seine Geschichte reicht ins 18. Jahrhundert zurück wie auch das Weinberghäuschen im Rokokostil. Sehenswert ist die zum Ende des 19. Jahrhunderts erbaute Rotkäppchen Sektkellerei mit glasüberdachtem Lichthof

Freyburger Stadtmauerabschnitt bei St. Marien

und fünfgeschossigen Kelleranlagen (Sektkellereistraße 5); im Domkeller des Hauses lagert das deutschlandweit größte Cuvée-Weinfass mit einem Volumen von 120 000 Litern. Rotkäppchen Sekt dominiert heute den deutschen Sektmarkt.

Straußwirtschaft am Unstrut-Radweg vor Freyburg

Die dem Freyburger Superintendenten Schomburgk Anfang des 19. Jahrhunderts geborenen Söhne Robert, Richard und Otto sind Forschungsreisende in British-Guayana und entlang dem Orinoco und Rio Branco geworden. Der in Deutschland weitverzweigten Familie gehörte auch ihr Hamburger Großneffe Hans Schomburgk an, der namhafte Afrikaforscher und erste deutsche Tierfilmer (gest. 1967).

Am steilen Aufgang zur Neuenburg steht das Wohnhaus des einige Jahre unter Polizeiaufsicht lebenden, 1840 durch den preußischen König Friedrich Wilhelm IV. rehabilitierten Patrioten und »Turnvaters« Friedrich Ludwig Jahn. 1852 ist der völkisch-nationalistisch gesinnte Mann hier verstorben (Schloßstraße 11, Museum, Grabstätte 1936 angelegt). Jahns Wahlspruch mit den vier »F« – »Frisch, fromm, fröhlich, frei« – steht über dem Hauseingang, der 1848 gegründete Deutsche Turner-Bund hat ihn im Turnerkreuz bildlich umgesetzt. Die 1903 eingeweihte Friedrich-Ludwig-Jahn-Ehrenhalle mit Jahns Büste findet sich in der Schützenstraße.

Die Schloßstraße führt in zwei großen Kehren auf den Bergsporn hoch über der Unstrut, wo seit nahezu einem Jahrtausend die **Neuenburg** thront. Gegründet hat die *newe burg* um 1090 Graf Ludwig von Schauenburg, genannt Ludwig der Springer, dem auch die Gründung der Wartburg um 1080 zugeschrieben wird; in Zscheiplitz wurde er bereits erwähnt. Die ihm nachfolgenden Ludowinger stiegen 1131 zu Landgrafen von Thüringen (Ludwig I.) und 1180 zu Pfalzgrafen von Sachsen (Ludwig III.) auf. Sie schu-

Weitläufige Burganlage mit Bergfried »Dicker Wilhelm« auf dem höchsten Punkt der Neuenburg

fen sich hier zwischen 1150 und 1230 das östliche, weit größere Pendant zur Wartburg. und herrschten in dem gesamten geografischen Raum bis zu ihrem Aussterben in der männlichen Linie 1247. In ihrer Zeit entstand zunächst die ovale Kernburg mit rundem Bergfried, Kapelle und Wohnturm (später Palas), gefolgt von Vorburg und zweitem Bergfried im 12. Jahrhundert.

In der dritten Bauperiode von 1190 bis 1227 kamen, namentlich im letzten Jahrzehnt unter Ludwig IV. und der später heiliggesprochenen Elisabeth von Ungarn, ein zweiter Wohnturm, eine weitere Vorburg mit drittem Bergfried (»Dicker Wilhelm«) und in der Hofmitte die spätromanische Doppelkapelle dazu. Mit ihren schlanken Säulen und reicher Kapitellzier, mit Kreuzrippengewölbe und Zackenbögen zählt sie nach kunsthistorischem Urteil »zum Besten und Bezeichnendsten, was uns von der höfischen Kunst der Hohenstaufenzeit geblieben ist«.[69] Der Typ der Doppelkapelle bot in der kleineren Oberkirche eine vom herrschaftlichen Wohnturm zugängliche *capella privata*, eine Art Hauskapelle für Andachten der Herrschaft, und in der Unterkapelle eine davon abgetrennte *capella publica* für das Gesinde bzw. gemeine Volk. Im sonntäg-

Unter der Neuenburg der ehemalige Herzogliche Weinberg, Steillagenanbau auf sieben Terrassen

Spätromanische Doppelkapelle der Neuenburg mit Blick in die Oberkirche

lichen Gottesdienst konnten beide durch eine vergitterte Schallöffnung in der Zwischendecke auch gemeinsam erreicht werden.

Nach Aussterben der Ludowinger fiel die mächtige Burganlage an die wettinischen Markgrafen von Meißen und verblieb in deren Besitz bis zum Anfall an Preußen im Jahre 1815. Kurfürst August ließ die Burg nach der Mitte des 16. Jahrhunderts zum Jagdschloss umbauen (Fürstenhaus mit prächtigen Treppenhäusern und Sälen, weitläufiges Museum). Die hier zu Zeiten der Sächsischen Sekundogenituren nachfolgenden Herzöge von Sachsen-Weißenfels haben die Jagdbahnen von Schloss Neuenburg genutzt. Im Ganzen aber verfiel die ihre strategische und politische Bedeutung verlierende große Anlage. Erst um die Mitte des 19. Jahrhunderts fand sie wieder Zuwendung unter dem preußischen Konservator Ferdinand von Quast und die Doppelkapelle eine erste Restaurierung. 1945 zogen Umsiedler in die Burg, es kam zu einer Museumseröffnung 1951, doch 1971 musste die gesamte Burganlage wegen Einsturzgefahr geschlossen werden. Nach Wertschätzung des Ganzen durch die Arbeiten des Hallenser Architekten / Burgenforschers Hermann Wäscher in den 1950/60er Jahren begannen ab 1984 bzw. seit 1990 mit Vereinsgründung zur »Rettung und Erhaltung der Neuenburg« bauarchäologische Untersuchungen in dem weitläufigen Schlosskomplex. Sie erfolgten im Zusammenhang mit den anstehenden Instandsetzungs- und Restaurierungsarbeiten durch das Landesamt für Denkmalpflege Sachsen-Anhalt. 1997 ist die Neuenburg von der Kulturstiftung Sachsen-Anhalt Burgen, Schlösser & Dome übernommen worden.

Unterhalb des Herzoglichen Weinbergs verlässt der Unstrut-Radweg die Stadt und verbleibt auf dem linken Ufer, in offener Landschaft zunächst bis **Großjena**, dessen Hausberg lange als Stammburg der Ekkehardiner angesehen worden ist. Eine Burg karolingischer Zeit hat er sicher getragen, der Ort erscheint als *Gene*, *Jhene* und *Wendischenjena* in den Quellen. Es gibt ein klassizistisches Gutshaus, erbaut 1818, und die neoromanische Dorfkirche St. Ruperti.

Großjena gegenüber liegt auf dem rechten Ufer der Unstrut **Kleinjena** (*Gene theutonice*) mit dem Kapellenberg, den die neuere Forschung als Standort der ekkehardinischen Burg favorisiert. Ihr entstammten die Brüder Hermann I. und Ekkehard II., die wie ihr 1002 ermordeter Vater Ekkehard I. frühe Markgrafen von Meißen waren und im Saale-Unstrut-Winkel herrschten. Im Naumburger Dom stehen sie als Stifterfiguren mit ihren Frauen Reglindis, Tochter des polnischen Königs Boleslaw I., und Uta von Ballenstedt aus askanischem Hause, verewigt. Namhafte mitteldeutsche Herrschergeschlechter grenzten hier im Saale-Unstrut-Winkel hart aneinander. Die Ekkehardiner wechselten mit ihrem Stammsitz von Kleinjena zur *Nuenburch* nach Naumburg, wohin wenig später, 1028, der Sitz des von König Otto I. gegründeten Bistums Zeitz rückverlegt wurde.

Auf Großjena mit der Straßenbrücke über die Unstrut folgt das letzte Wegstuck in den von Weinbergterrassen gesäumten Blütengrund. »**Klingers Weinberg**« eröffnet die touristischen Glanzpunkte, über vielstufige Treppen hinauf zum Alterssitz des Leipziger Radierers, Malers und Bildhauers Max Klinger. Seit 1903 hat er dort mit der österreichischen Schriftstellerin Elsa Asenijeff gewohnt und in seinem Radierhäuschen gearbeitet – bis zum Jahre 1911, als hier die junge Gertrud Bock eintraf, die er noch ein Jahr vor seinem Tode heiratete (Museum und Grabstätte mit Klingers »Athleten«). Beider Porträtstelen hat Klingers Leipziger Freund und Bildhauer Johannes Hartmann 1921 geschaffen.

Es folgt das »**Steinerne Bilderbuch**« mit den überlebensgroßen Reliefs, die sich der Naumburger Hofjuwelier Steinauer 1722 in den Felswänden seines Weinberges auf 200 Metern hat ausführen, sozusagen verewigen lassen, soweit verwitternder Buntsandstein das zulässt. Es sind zwölf zumeist biblische Szenen aus dem Alten Testament: das Quellwunder, Moses, mit dem Stab an Felsen schlagend; Verfolgung des Fuchses als schlimmstem Weinräuber; Herzog Christian von Sachsen-Weißenfels als Landesherr des

Klingers Weinberg«, Museum und Gedächtnisstätte mit Klingers Grab und seiner Bronzefigur »Athlet«

Weinbergbesitzers zu Pferde; König David, Harfe spielend; Hochzeit zu Kana, Wasser wird zu Wein verwandelt; die Berauschung Lots durch seine Töchter; die Verkündigung durch musizierende Engel an die Hirten; Weinlese, in Bütten tragen Frauen und Kinder den Traubensegen zur Kelter; der Weinbergsherr zahlt den Arbeitern im Weinberg Lohn; der erste Weinbauer Noah hält den Weinstock; Joshua und Caleb mit der Riesentraube; der kniende Moses und die aufgestellte Eherne Schlange im Zeltlager der Israeliten.[70] Immer sind Bacchus und der Wein mit im Spiel, wie es auch schon der fromme Leipziger Fabeldichter Gottfried Fürchtegott Gellert 1740 in einem der Weinberghäuschen erfahren hat: »Hügel an dem flachen Tale / Wo die Unstrut mit der Saale / Sich vertraut zusammenschließt«.

Danach wird die Unstrutmündung erreicht, aus Südwesten strömt die Saale heran, im Mündungswinkel der Flüsse stehen Pappel und Bank, am Saaleufer liegt die Fähre für den Flussübergang. Das Einzugsgebiet der Unstrut ist, wie eingangs bemerkt, größer als das der Saale, doch nach Lauflänge und Wasserführung steht die Unstrut beim Zusammenfluss der Saale nach, die für den weiteren Lauf zur Elbe hin namenführend wird.

»Steinernes Bilderbuch« an den Weinbergwänden mit biblisch-weinseligen Reliefs, oben Weinlese, unten Berauschung Lots durch seine Töchter

Der Anschluss zum Saale-Radweg ist hier gegeben, stromab[71] wie flussauf. Auch können Unstrut-Radfahrer den Blütengrund noch ein Wegstück genießen, wenn sie links der Saale bis zur Henne-Brücke fahren und da auf dem rechten Saaleufer zurück zur Fähre radeln. Und natürlich liegt Naumburg unmittelbar vor ihnen ...

Blick zurück auf Freyburg und die Neuenburg

Die Mündung der Unstrut mit der Saale-Fähre und Ausflugsschiffen

Anmerkungen / Literatur

1 Michael Ranft, Anhang von der Unstrut, dem vornehmsten Flusse in Thüringen, in: ders., Die politische Historie von Thüringen, Meißen und Sachsen, welche der sächsische Patriot ..., Leipzig 1778, S. 329

2 Ludwig Bauer, Hydrologie des Flussgebietes von Unstrut und Gera unter besonderer Berücksichtigung der Hochwassererscheinungen und des Einflusses von Kahlschlägen auf die Wasserführung. Diss. Jena 1952, S. 18

3 Wie etwa der Werra-Weser, für die Quellwasser bis zur Mündung (750 km Lauf) bei mittlerer Fließgeschwindigkeit (1 m/s) ungefähr neun Tage braucht, das des Rheins einen Monat, wobei Bodensee und Schleusen einzurechnen sind; das Wasser der Elbe benötigt zwischen der deutsch-tschechischen Grenze und Geesthacht vor Hamburgs Toren (586 km) etwa acht Tage (bei rund 3 km/h), immer mittlere Wasserführung zugrundegelegt (Angaben nach Wikipedia).

4 Bei Hermann Größler heißt es: Wie »Unwetter, Untier, Unmensch etwas Furchteinflößendes, Übles vollbringendes bezeichnen, so auch Unstrut eine böse, üble, unangenehme Strut, d. h. einen versumpften See, der hinsichtlich seiner Länge, Breite, Beschwerlichkeit und Gefährlichkeit alle anderen wasserreichen Sümpfe des Landes, welche man sonst mit dem Namen belegte, übertraf und darum verdiente, die Unstrut zu heißen. (Führer durch das Unstruttal, Freyburg 1904, 2 Bde., Reprint Querfurt 1991, S. VIII). – Von Größler gibt es eine Fülle regional-historischer Arbeiten zum Mansfelder Land. Namhaft wurde er durch seine ab 1906 erfolgte Ausgrabung des goldschweren Helmsdorfer Fürstengrabes aus der Frühbronzezeit (1840 v. Chr.), eine der bedeutendsten Begräbnisstätten der Aunjetitzer Kultur in Mitteldeutschland, neben dem drei Jahrzehnte zuvor entdeckten Fürstengrab von Leubingen.

5 Bauer, Hydrologie, wie Anm. 2, S. 19

6 Auch August Trinius: Durch's Unstrutthal. Eine Wanderung von Naumburg a. d. Saale bis zum Kyffhäuser, Minden 1892, liegt seit 2011 im Reprint vor (Bad Langensalza). – Trinius hatte u. a. schon den »Thüringer Wandersmann« in acht Bänden herausgegeben (1886–1902) sowie »Streifzuge durchs Thüringer Land«, »Durchs Saaletal« und »Durchs Werratal«; von ihm stammt der Ausspruch »Thüringen – das grüne Herz Deutschlands«.

7 Der Band von Fritz Kühnlenz, »Städte und Burgen an der Unstrut«, erschien 1962 in Rudolstadt in einer 2., verb. Auflage und 1999 in Erfurt als veränderter Nachdruck.

8 Das Gebiet an der Unteren Unstrut. Ergebnisse der heimatkundlichen Bestandsaufnahme in den Gebieten Wiehe, Nebra und Freyburg (=Werte unserer Heimat Bd. 46), Berlin 1988

9 Gerlinde Schlenker / Jürgen Haubner: Die Unstrut – Porträt einer Kulturlandschaft, Halle 2002

10 Zu größeren Unstrutjubiläen legten Andreas und Klaus Schmölling »200 Jahre schiffbare Unstrut. 1795–1995« (Artern 1994) und Paul Lauerwald u. a. »Die Unstrutbahn Artern – Naumburg 1889–1989. Geschichte und Gegenwart der Eisenbahnstrecke Naumburg (Saale) Hbf. – Artern« (Artern 1989, akt. Ausgabe Gernrode 1999) vor. Des Weiteren sind erschienen: »Unstrut. Sagenbuch« (2007), »Die Unstrut. Luftbildatlas von der Quelle bis zur Mündung« (2012) und »Die Unstrut. Geschichte, Landschaft und Leben am Fluss von der Quelle bis zur Mündung« (2012), hg. von Harald Rockstuhl (alle Langensalza). Ferner: »Der große Wanderführer Unstrut« von Roland Geißler (Langensalza 2016) und »Die Unstrut – Geschichte(n) vom Fluss zwischen der Sachsenburger Pforte und dem Wendelstein« von Andreas Schmölling u. a. (Artern 2015) sowie mehrere Radwanderkarten zum Unstrut-Radweg.

11 Schon Größler, Führer durch das Unstrutal, hat geraten, flussab zu reisen: »Bei der Wanderung empfiehlt es sich, den Weg zu Tal, also die Richtung von Artern nach Naumburg einzuhalten, weil so eine allmähliche Steigerung der landschaftlichen Schönheit und zugleich auch einigermaßen ein geschichtlicher Zeitfortschritt erreicht wird«, wie Anm. 4, S. V–VI.

12 Nach Beate Lex, Ortsnamen der »Thüringischen Landeschronik«, Magisterarbeit an der Friedrich-Schiller-Universität, Philosophische Fakultät, 2001

13 Schlenker / Haubner, Die Unstrut, wie Anm. 9, S. 17

14 Dazu auch Paul Grimm / Wolfgang Timpel, Die ur- und frühgeschichtlichen Befestigungen des Kreises Mühlhausen, Mühlhausen / Thür. 1972

15 Otto Schlüter, Siedlungskunde des Thales der Unstrut von der Sachsenburger Pforte bis zur Mündung, Halle 1896, S. 6 ff.

16 Schlenker / Haubner, Die Unstrut, wie Anm. 9, S. 23

17 Ebenda, S. 29 – Am Popperöder Brunnenhaus findet sich die Angabe, dass die Karstquelle täglich 3500 m^3 Trinkwasser aus dem Stadtwaldgebiet fördert.

18 Nach Bauer, Hydrologie, wie Anm. 2, S. 20

19 Vgl. Rockstuhl, Die Unstrut. Geschichte, Landschaft und Leben am Fluss ..., wie Anm. 10, S. 50

20 Schlenker / Haubner, Die Unstrut, wie Anm. 9, S. 35

21 Kühnlenz, Städte und Burgen an der Unstrut, wie Anm. 7, S. 101

22 Nach: Dorfkirchen in Thüringen, von Herbert von Hintzenstern, Berlin 1986, S. 124, 163

23 Auch Blide genannt (Blidenkugeln), französisch Trébuchet, in Wolf-

ram von Eschenbachs Verserzählung »Willehalm« (vor 1217) als »drybock« ersterwähnt und wohl erst seit dieser Zeit in Mitteleuropa bekannt, im Gelände der Runneburg in Weißensee noch bis 2009 erlebbar gewesen.

24 Kühnlenz, Städte und Burgen an der Unstrut, wie Anm. 7, S. 117

25 Ebenda, S. 120

26 Nach: NATURA 2000. Erhaltung und Entwicklung der Steppenrasen Thüringens. Pflege und Entwicklungsplan für Projektgebiet 12: Naturschutzgebiet Unstruttal zwischen Nägelstedt und Großvargula. Hg.: Freistaat Thüringen, Ministerium für Landwirtschaft, Forsten, Umwelt und Naturschutz, Marburg 2012

27 Zitiert nach Schlenker / Haubner, Die Unstrut, wie Anm. 9, S. 49

28 Reinhold Andert, Der Thüringer Königshort, Querfurt 1995. – Doch nimmt er die Tretenburg als Ort für den Entscheidungskampf zwischen Franken und Thüringern an, S. 186 ff.

29 Bilder zur Ur- und Frühgeschichte Thüringens, hg. vom Museum für Ur- und Frügeschichte Thüringens durch Rudolf Feustel, Weimar 1983, S. 59

30 Tagungsbericht von Matthias Kälble, FSU Jena: Die Frühzeit der Thüringer. Archäologie, Sprache, Geschichte, in: H-Soz-Kult, 22.12. 2006

31 Bauer, Hydrologie, wie Anm. 2, S. 32

32 Ebenda, S. 19

33 Ebenda, S. 3

34 Andert weist auf den Widerspruch beider Ortsnamen hin und sucht nach Erklärungen, wie Anm. 28, S. 89 f.

35 Vgl. ebenda, S. 95

36 Ernst Eichler / Hans Walther, Städtenamenbuch der DDR, Leipzig 1988, S. 255 f.

37 Bauer, Hydrologie, wie Anm. 2, S. 23, 47

38 Harald Meller / Kai Michel, Die Himmelsscheibe von Nebra. Der Schlüssel zu einer untergegangenen Kultur im Herzen Europas, Berlin 1918, S. 211 f.

39 Bauer, Hydrologie, wie Anm. 2, S. 45

40 Vom Jenenser Ausgräber Dietrich Mania liegt seit 1980 (Leipzig-Jena-Berlin) der von Adelhelm Dietzel illustrierte Band »Begegnung mit dem Urmenschen – Die Funde von Bilzingsleben« vor.

41 Mathias Seidel, Zum archäologischen Kontext ausgewählter Zeugnisse der Przeworsk-Kultur aus Gorsleben, Kyffhäuserkreis (Thüringen), in: Eisenzeitliche Siedlungskeramik der Przeworsk-Kultur, hg. von Michael Meyer u. a., Berlin 2017, S. 36 ff.

42 Bauer, Hydrologie, wie Anm. 2, S. 45

43 Schlüter, Siedlungskunde, wie Anm. 15, S. 31

44 Das Gebiet an der Unteren Unstrut, wie Anm. 8, S. 52 f.

45 Mitteldeutschland auf dem Wege zur Einheit. Denkschrift, Merseburg 1927, S. 122

46 Die Unstrut – Geschichte(n) vom Fluss, wie Anm. 10, S. 33, 236

47 Ebenda, S. 66. – Kahnfähren für den Personenverkehr hat es in früherer Zeit auch in Kleinwangen, Vitzenburg, Kirchscheidungen, Dorndorf und Weischütz gegeben (nach: Das Gebiet der Unteren Unstrut, wie Anm. 8, S. 45).

48 Bei Größler, Führer durch das Unstrutal, wie Anm. 4, S. IX, heißt es: »Die Wassermassen der Unstrut haben bereits in diluvialer Zeit den Nordrand des Thüringer Mittellandbeckens bei der Sachsenburger Pforte durchnagt, sind dann in nordöstlicher Richtung in die nordthüringische Mulde eingetreten und haben als Fluss ihren Lauf nach dem Einsturzbecken des Mansfelder Salzigen Sees hin genommen, diesen ausfüllend, um sich zuletzt in der Gegend von Salzmünde in die Saale zu ergießen«. – Es ist dann die als Subrosion bezeichnete Ab- und Auslaugung oberflächennaher unterirdischer Salzschichten des Zechsteins gewesen, die den Fluss wieder südöstlich in das neu entstandene Becken der weiten Helme-Unstrutniederung haben einlaufen lassen. »An den Ausstrich der salzführenden Schichten des Zechsteins ist die Talweitung der Unstrut zwischen Artern und Memleben gebunden.« (Das Gebiet an der Unteren Unstrut, wie Anm. 8, S. 8, 12).

49 Lauerwald u. a., 100 Jahre Unstrutbahn, wie Anm. 10, S. 7

50 Ebenda, Aus Vortrag von 1868, S. 10

51 Schlüter, Siedlungskunde, wie Anm. 15, S. 32

52 Schlenker / Haubner, Die Unstrut, wie Anm. 9, S. 226

53 Größler, Führer durch das Unstrutal, wie Anm. 4, S. 9. – Er bezieht dafür auch das nächstliegende Gehofen mit ein, wo Schlachtberg, Leichengebreite und Totenberg als Flurnamen überliefert sind.

54 Schlüter, Siedlungskunde, wie Anm. 15, S. 23

55 Ebenda, S. 22

56 Trinius, Durch's Unstrutthal, wie Anm. 6, S. 211

57 Nach Kühnlenz, Städte und Burgen an der Unstrut, wie Anm. 7, S. 180 ff. – Charlotte von Kalb ist bitterarm in Berlin verstorben, das Schlösschen versteigert worden.

58 Zitiert nach: Die Unstrut – Geschichte(n) vom Fluss, wie Anm. 10, S. 134. – Curius war eine Anspielung auf einen römischen Heerführer, dessen übertriebene Einfachheit und Sparsamkeit Carl Alexander von Kalb offenbar teilte.

59 Nach Größler, Führer durch das Unstrutal, wie Anm. 4, S. 14

60 Siehe: Die Unstrut – Geschichte(n) vom Fluss, wie in Anm. 10, S. 210

61 Schmölling, 200 Jahre schiffbare Unstrut, wie Anm. 10, S. 25

62 Ebenda, S. 39 ff. – In den 1920/30er Jahren Unstrut-Personenschifffahrt von Weißenfels aus, etwa bis zur Schleuse Wendelstein oder bis in die Schleuse Ritteburg, wie eine Fotografie von 1933 mit dem Fahrgastschiff SAALE zeigt; auch Ausflugsfahrten zwischen Artern und Nebra hat es in den späten 1940/50er Jahren gegeben.

63 Nach Schlenker / Haubner, Die Unstrut, wie Anm. 9, S. 102 ff.

64 Eines der ersten 1934 im Strafgefängnis Plötzensee hingerichteten NS-Opfer wurde mit nur 26 Jahren der aus Bottendorf gebürtige Richard Hüttig, Mitglied der Roten Jungfront (Richard-Hüttig-Platz in Roßleben).

65 Nach Schlenker / Haubner, Die Unstrut, wie Anm. 9, S. 231. – Weitere folgten in Reinsdorf, Gehofen, Donndorf und Wiehe.

66 Zitiert nach Größler, Führer durch das Unstruttal, wie Anm. 4, S. 81

67 Nach Thomas Trajkovits, Der sächsische Landbaumeister David Schatz 1668–1750. Leben und Werk, Beucha 2003, S. 226

68 Schlenker / Haubner, Die Unstrut, wie Anm. 9, S. 173 – heute die Bistümer Erfurt und Magdeburg betreffend

69 Gerd Strickhausen, Burgen der Ludowinger in Thüringen, Hessen und Rheinland, 1998 – zitiert nach Sylvia Weigelt, Thüringen um 1200, Landeszentrale für politische Bildung Thüringen, Erfurt 2007

70 Nach Größler, Führer durch das Unstruttal, wie Anm. 4, S. 246 ff. – Er dürfte die Reliefs vor einem Jahrhundert noch weniger verwittert gesehen haben.

71 Lutz Heydick, Saale abwärts zwischen Unstrut und Elbe. Landschaft, Geschichte, Kultur, Beucha-Markkleeberg 2019

Bildnachweis

Birgit und Jürgen Röhling (Markkleeberg): S. 18 re., 36 re., 38, 106, 112–115, 117, 120 –121, 122 u.

GeoBasis-DE / BKG 2017: Kartenmaterial in den Umschlaginnenseiten (verändert)

Alle sonstigen Aufnahmen von Erika und Lutz Heydick (Beucha)

Saale abwärts zwischen Unstrut und Elbe

Landschaft – Geschichte – Kultur

von Lutz Heydick

ISBN 978-3-86729-243-6, 1. Aufl. 2019, Format 14,8 x 21 cm, Umfang 128 Seiten, ca. 190 Farbfotografien, Preis 16,50 Euro

Das burgenreiche mittlere Saaletal und der mit Kultur und Wein gesegnete Saale-Unstrut-Winkel sind Ausgangspunkt dieses Radwanderführers flussab zur Elbe. Die Landschaft gründet hier auf Buntsandstein und Muschelkalk, was dem weitläufigen Naturpark Saale-Unstrut-Triasland mediterrane Anmutung gibt. Der Radweg ab Naumburg verläuft an der unteren Saale nach Goseck, Weißenfels, Bad Dürrenberg, Merseburg, Halle, Wettin, Rothenburg, Alsleben, Plötzkau, Bernburg, Nienburg und Calbe zum Saalhorn bei Barby/ Pömmelte ins UNESCO-»Biosphärenreservat Mittelelbe«. Die Saale ist Mitteldeutschlands zentraler Fluss.

Mulde abwärts vom Rochlitzer Berg zur Mündung

Landschaft – Geschichte – Kultur

von Lutz Heydick

ISBN 978-3-86729-188-0, 1. Aufl. 2019, Format 14,8 x 21 cm, Umfang 144 Seiten, ca. 190 Farbfotografien, Preis 16,50 Euro

Das Buch führt in die Gebirgslandschaft der Zwickauer Mulde zu einem der schnellsten Flüsse in Mitteleuropa und in die Ebenen der Vereinigten Mulde – vom Engtal eines burgenreiches Flusses in die Muldeauen des nordsächsischen und anhaltischen Tieflandes. Der Fluss mäandriert hier als nahezu »unverbautes Wildwasser«. Von Kloster Wechselburg geht die Radreise über Rochlitz, Colditz zur Muldenvereinigung, nach Grimma, Wurzen, Eilenburg, Bad Düben, Löbnitz, Pouch, Altjeßnitz ins UNESCO-Welterbe Dessau-Wörlitzer Gartenreich im Elbe-Mulde-Winkel.